El Reset Colectivo

Si este libro le ha interesado y desea que lo mantengamos
informado de nuestras publicaciones, puede escribirnos a
comunicacion@editorialsirio.com,
o bien suscribirse a nuestro boletín de novedades en:
www.editorialsirio.com

Diseño de portada: Editorial Sirio, S.A.

EDITORIAL SIRIO, S.A.	NIRVANA LIBROS S.A. DE C.V.	DISTRIBUCIONES DEL FUTURO
C/ Rosa de los Vientos, 64	Camino a Minas, 501	Paseo Colón 221, piso 6
Pol. Ind. El Viso	Bodega nº 8,	C1063ACC
29006-Málaga	Col. Lomas de Becerra	Buenos Aires
España	Del.: Alvaro Obregón	(Argentina)
	México D.F., 01280	

www.editorialsirio.com
sirio@editorialsirio.com

I.S.B.N.: 978-84-7808-874-4
Depósito Legal: MA-1680-2015

Impreso en Imagraf Impresores, S. A.
c/ Nabucco, 14 D - Pol. Alameda
29006 - Málaga

Impreso en España

Puedes seguirnos en Facebook, Twitter, YouTube e Instagram.

SUZANNE POWELL

El Reset Colectivo

ZEN

Zen, para mí, es saber lo que piensas,
saber lo que dices
y saber cómo actúas veinticuatro horas al día.

Que mires a tu alrededor y que sepas practicar
lo de «perdonar, olvidar y aceptar»
con toda la gente que interactúe contigo.

Si no comprendes algo, ten paciencia,
acepta tu situación con alegría,
pidiendo saber el porqué de las cosas.

No juzgues a nadie para que no te juzguen,
no perjudiques a nadie para que no te perjudiquen.
Que seas el ejemplo a seguir para los demás.

Disfruta intensamente el presente,
y que en cada momento seas tú mismo,
con todas las consecuencias.

Esa es la clave de la felicidad.

JUST DO IT!
¡Simplemente hazlo!

PREFACIO

Hace unos años decidí destinar mi tiempo a servir a la humanidad ayudando en todo lo posible a los seres humanos. Tuve la enorme suerte de recibir el regalo de disponer de más tiempo de vida, y ahora estoy invirtiendo ese tiempo en agradecerlo. Realizo consultas gratuitas a todas las personas que necesiten mi ayuda, tanto para sus problemas físicos o mentales como para sus inquietudes espirituales. Colaboro con médicos y otros terapeutas de forma desinteresada desde febrero de 2010, y últimamente es tanta la demanda que no doy abasto.

En una sesión práctica normal, al paciente le hago un chequeo con una práctica que llamo «zen». Zen, para mí, significa tener, sentir y poseer conciencia de tu vida las veinticuatro horas del día. Efectúo un examen holístico que pretende buscar la raíz del problema, que puede localizarse en el plano físico, emocional, mental o espiritual. Si el paciente lo necesita, le enseño a realizar una descodificación mental, mostrándole cómo llevar a cabo una reprogramación de su vida, cómo vivir de forma mucho más consciente y lúcida su proceso vital, entendiendo las causas profundas de sus problemas.

Normalmente, el problema más generalizado en la mayoría de la gente consiste en el descontrol del sistema nervioso. Cuando una persona posee un sistema nervioso descontrolado, en ello también interviene la mente. En el momento en que perdemos la paz de nuestra mente, ya no descansamos de la misma manera y comenzamos a pensar en negativo. Se suele decir que «creas lo que crees», y es así como se empiezan a manifestar en nuestras vidas todos los pensamientos negativos y todos los problemas que desearíamos no tener. Por eso debemos descodificarnos, para pensar correctamente sobre nuestros cuerpos y nuestras vidas.

A través de la práctica zen se logra un control perfecto del sistema nervioso, y eso aporta esa paz que tanto necesitamos. Si nuestra mente se halla en un estado de paz, nuestro sistema nervioso también lo estará, y lo mismo puede decirse de nuestro cuerpo físico.

Para mí no existen enfermedades crónicas incurables, sino más bien pensamientos crónicos que necesitan modificarse. Cuando un médico convence a su paciente de que va a cargar con una enfermedad de por vida, el paciente mantiene esa idea en su mente y la termina incluyendo en su propia realidad.

Una de las dolencias más de moda es la fibromialgia, y es muy habitual que venga un paciente y me diga: «El médico me ha diagnosticado fibromialgia; asegura que me moriré con esto pero no me moriré de esto, ¿es cierto?». Con la ayuda del chequeo para buscar primero la raíz de su problema, podemos descodificar su mente e indicarle que está en sus manos curarse, mejorar su vida, volver a empezar. Una vez que encontramos la raíz del problema, se estabiliza el sistema nervioso, se reconecta todo y el paciente empieza a adquirir poder sobre su propia salud. Se le devuelve su independencia, para que no necesite medicarse el resto de su vida.

Una de nuestras mayores limitaciones es la cualidad de no pensar que somos capaces de conseguir lo que queremos. Vivimos codificados desde que nacemos hasta que morimos. Si recuperamos nuestra capacidad mental de creer para crear y adquirimos esa absoluta certeza de poder conseguir aquello que creemos, respetando, eso sí, a los demás, sin hacer daño a nadie, podremos lograr que finalmente se realicen nuestros sueños.

En mi propia vida he atravesado por muchas experiencias que a menudo comparto en las charlas con los pacientes para animarlos, para que sepan que si muchos de nosotros hemos podido hacerlo, ¿por qué ellos no? De hecho, ¿por qué tú no?

En los cursos zen que imparto, enseño una técnica que permite utilizar la respiración con conciencia para controlar todas las situaciones de nuestras vidas, ya sea en el entorno laboral o familiar, o cuando surgen conflictos. Puedes utilizar esa herramienta para tener el control, para superar una enfermedad muy grave, un desahucio médico, un *shock*, una enfermedad psiquiátrica, incluso problemas de pareja, familiares o laborales. Se trata de una herramienta muy valiosa.

También se practica la meditación, que nos ayuda a permanecer en nuestro centro, en equilibrio. Es un momento para desconectar la mente, para conectarse con uno mismo. Además, la técnica zen enseña una práctica muy sencilla que dura cinco minutos. La utilizamos para sanar nuestro cuerpo físico, todos esos dolores, molestias y preocupaciones que nos impiden hacer una vida normal.

En la actualidad estamos viviendo grandes momentos en el planeta Tierra. El ser humano empieza a despertar. Recibimos información continuamente; hablan de las profecías, del final del ciclo solar, del cambio de vibración, del cambio de frecuencia, y es curioso cómo muchas personas, de repente, no se sabe por qué, empiezan a mostrar incluso capacidades psíquicas.

Cada vez más individuos están comenzando a desarrollar capacidades de canalización. Se trata de un momento muy hermoso, pero para algunos resulta inquietante. El que se encuentra en la nave del avance se siente con mucha pasión y muy acompañado, pero los que no abren su mente a las informaciones de esta nueva era se sienten apartados y atemorizados. No entienden a las personas que están avanzando por ese camino. Todo es respetable, no tenemos que intentar convencer a nadie. A cada uno le llegará su momento, y a todos, te lo aseguro, nos llega tarde o temprano.

Si alguien desea adentrarse en ese momento, lo primero que tiene que hacer es detener su mente. Cuando uno detiene su mente, puede escucharse a sí mismo, a su propio ser interior, esa intuición, esa vocecita. Pero mientras la mente conviva con el bombardeo de pensamientos a diario, inmersa en la rutina cotidiana, sin parar de pensar, no resolverá los interrogantes más importantes que se ha hecho el hombre desde los albores de la humanidad: ¿de dónde vengo?, ¿hacia dónde voy?, ¿quién soy?

En la meditación aprendemos a parar nuestro acelerado ritmo de vida para escucharnos a nosotros mismos. Consiste en ponernos en pausa, aunque sea solo cinco minutos al día, para, en algún momento, conectar con ese algo especial. Y cuando eso ocurre, siempre deseas más y más.

1

El Reset Colectivo

Hoy en día, la mayoría de los que vivimos en un país desarrollado tenemos un ordenador en casa, y cuando empieza a ir lento o no arranca, si no sabemos nada de informática, llamamos a un técnico. Lo mismo nos sucede a nosotros. Si consideramos que somos ordenadores biológicos, a veces empezamos a flaquear, a ir lentos, el programa no va bien, y nos ponemos en modo «no estamos funcionando correctamente».

¿Qué ocurre entonces? Que necesitamos un técnico. ¿Y adónde vamos cuando notamos que la máquina no va bien? Al centro de salud, o peor aún, al psiquiatra. O incluso a un psicólogo, con quien quizás puedas tener un poco más de suerte. A pesar de la ayuda que puedan ofrecernos todos ellos, normalmente no encontramos la solución para todos nuestros problemas.

Llevo muchos años intentando ayudar a la gente porque he vivido mis propias experiencias, que deseo compartir. La información que ofrezco no está basada en teorías de otras personas. Simplemente hablo desde mi experiencia.

Hace veintiocho años los médicos me desahuciaron a causa de un cáncer terminal. Me dijeron que tenía una posibilidad entre cien de sobrevivir, y pensé: «Si hay alguien allí arriba, le prometo que si me curo, dedicaré el resto de mi vida a dar esperanza a la gente que pueda encontrarse en una situación similar».

Ahora, veintiocho años más tarde, el cáncer ha remitido por completo, así como el asma y la alergia al sol que también sufría. Hice una promesa, me comprometí a ayudar, y ello me condujo a buscar soluciones. Me curé gracias a una serie de herramientas que se pusieron en mi camino. Acumulé una gran cantidad de títulos, pero la gente seguía enfermando y necesitaba otras soluciones.

A lo largo de todos esos años tuve a mi lado a una persona que fue mi pareja, mi amigo y mi maestro de vida. Antes de su muerte, recuerdo que en una reunión dijo:

—Todavía estoy esperando que os despertéis.

A los quince días, murió. Empecé a investigar el despertar, solo para darme cuenta de que estaba igual de dormida que el resto de la humanidad. Más tarde nació mi hija, que ha sido mi mejor maestra de vida después de aquella experiencia. Y mi gran inspiración.

Los cursos zen que imparto no tienen nada que ver con el budismo zen, ni con ninguna religión o creencia. Zen, para mí, significa tener conciencia de nuestra vida, saber lo que pensamos y lo que hablamos, y reconocer cómo actuamos las veinticuatro horas del día. Zen es una práctica diaria que enseño de forma gratuita, al igual que las charlas sobre conciencia y despertar. Tengo una consulta para ayudar a la gente a nivel holístico —cuerpo, mente y espíritu—, y lo hago desinteresadamente. Me suelen preguntar: «¿Y tú de qué vives?». Contesto que colaboro con un banco ético que se llama Divina Providencia y que pertenece al nuevo paradigma.

Cuando llega un paciente a mi consulta, lo primero que hace es sorprenderse:

—¿Cómo que es gratis?

Rápidamente le digo:

—Tienes quince minutos; siéntate y cuéntame lo que quieras, no hay tiempo para charlar.

Y empiezo a escuchar un autosabotaje impresionante:

—Mi vida es un desastre, todo me va mal, la salud, el amor, el dinero, todo me va fatal.

A continuación le hago un chequeo y entro en su ordenador biológico, que dispone de un programa que se encuentra en el disco duro. El paciente no puede acceder a ese programa porque su *software* es erróneo y está bloqueando su acceso. Ese *software* procede de nuestra educación, los patrones familiares, los miedos, todo lo que acumulamos en la mente desde que nacemos hasta que nos vamos a la tumba. Todo es programación, codificación.

Navego por su programa, busco la raíz del problema, tiro todo ese *software* erróneo a la papelera de reciclaje y dejo su sistema operativo funcionando suavemente, igual que hace un técnico para luego poder acceder al disco duro. ¿Y qué hay en el disco duro? Quién soy, de dónde vengo y hacia dónde puñetas voy.

Si supiéramos lo maravillosos, lo grandiosos, lo soberanos que somos como divinos cocreadores de nuestra existencia, nos callaríamos todas las barbaridades que decimos constantemente. Resetear es como si a esa persona se le quitara una mochila muy pesada de encima. Cuando empieza a sentir esa ligereza y se termina la sesión de cinco minutos, aprende cómo reprogramar su vida. Suelo tocarle el hombro y digo:

—Tus deseos son órdenes.

Imaginemos ahora que somos un ordenador biológico y tenemos un programa operativo. Somos los guionistas de nuestra propia historia. Somos el drama de nuestra propia obra maestra que estamos escribiendo en esta vida. Somos todo lo que pensamos y decimos. Me suelen mirar con cara de susto cuando les digo:

—Todo lo que pienses y todo lo que digas a partir de este momento se hará realidad.

¡Qué horror! De repente, preguntan:

—¿Y si lo hago mal? ¿Y si lo digo mal?

Yo me limito a contestar:

—Siempre ha sido así, solo que no eras consciente de ello. Si lo crees, así será.

¿Qué os parece si hacemos una reprogramación? Lo único que quiero es que imaginéis una realidad maravillosa que deseéis vivir en un futuro, la traigáis al presente, la plasméis en vuestro programa y empecéis a descubrir una nueva realidad.

¿A quién no le gustaría pensar que viene alguien y hace borrón y cuenta nueva? Es tan fácil que parece imposible.

Después del reset, después de esos cinco minutos de sortear ese *software*, le pregunto al paciente:

—¿Cómo es tu nueva vida?

Enseguida aparece una sonrisa en su cara y dice:

—Soy tan feliz.

—¿Dónde vives?, le pregunto.

—Tengo una casa en el campo, con flores, un jardín precioso, animalitos, familia...

—¿Qué sientes?

—Tanta paz y tanta calma —me contesta.

Cada uno crea su propia realidad.

—¿Cómo te va el trabajo? —me intereso.

—Oh, como si no trabajara. Vivo de lo que me gusta, no noto pasar las horas.

—¿Y el amor?

—Tengo a la persona de mis sueños a mi lado, a mi familia, todo lo que necesito —responde.

A partir de ese momento, uno toma conciencia de lo que no quiere. Se produce un cambio en la forma de sentir. Y se pasa de pensar en qué es lo que no se quiere a preguntarse qué es lo que se desea realmente en la vida. Cuando llevamos a cabo esa reprogramación, hemos de pensar que ya tenemos el resultado.

LA DUALIDAD

En la película *El secreto*, se nos muestra que al pedir lo que uno quiere para su vida, se puede ilusionar y desilusionar: «Ah, sí, pedí un cheque, ¿y qué me ha llegado? Multas,

19

facturas. ¡Esto no funciona!». Paralelamente a la Ley de la Atracción, existe la Ley de los Opuestos, y una no puede darse sin la otra.

¿Qué es la Ley de los Opuestos? La dualidad. Cuando uno pide algo, tiene que recordar que vivimos en la experiencia de la dualidad, en este universo en la tercera dimensión.

La dualidad significa opuestos: luz-oscuridad, alto-bajo, etc. Pides un cheque y el cosmos te puede dar lo contrario. Allí donde pones tu atención, el universo lo expande. Si tu atención está en la felicidad de la alegría, el cosmos expande esa vibración y te da más de lo mismo, pero si pones la atención en que solo tienes ausencia de abundancia, ¿qué hace el universo? Lo expande.

Cuanta más pasión pongas en la intención, más peso depositarás en ese lado de la balanza. Debes enfocar tus intenciones sobre lo que quieres y olvidar lo que no quieres, porque el cosmos no interpreta las palabras, sino las vibraciones, las frecuencias.

Si por ejemplo pedimos que aparezca en nuestras vidas un hombre maravilloso, guapo, fornido, alto, con el *sex appeal* de Richard Gere, y el cosmos nos regala uno gordo, bajo, feo, calvo y fofo, ¿qué hacemos? ¿Dónde ponemos la atención? Nos quejamos: «¡Pero si yo he pedido un Richard Gere!». ¿Qué estamos sintiendo, con qué sensación estamos vibrando? El cosmos solo nos va a dar más de lo mismo.

Esto es lo que sucede con la Ley de la Atracción y la Ley de los Opuestos. Pedimos algo, toma regalo, desilusión. Esto no funciona, y nos quedamos con las ganas. Si cambiamos y decimos: «Muy bien, encantada de conocerte, pero prefiero a Richard Gere, y te quiero mucho, te doy un abrazo, pero estoy ocupada». Desviamos nuestra atención de la Ley de los Opuestos y la volvemos a poner sobre Richard Gere. Ponemos nuestra atención de nuevo sobre lo que queremos y no nos distraemos con lo que no queremos.

Te pondré otro ejemplo: podemos pedir un hombre bien situado, agradable y bien peinado, y cuando se nos presenta un barbudo exclamamos: «¡Qué manía les tengo a los barbudos, no los soporto!». En Oriente dicen: «No te fíes de un hombre de menos de cincuenta y cinco años que lleve barba, algo esconde», aunque sí pueden llevarla después de esa edad, porque para entonces es un atributo de los sabios, y cuanto más larga, más sabio.

Si nos quejamos: «Pues no quiero un barbudo», ¿qué es lo que nos va a regalar el cosmos? Hombres con barba por todas partes. Y ¿qué hacemos con el barbudo de turno? Le damos amor, le queremos, nos enamoramos... y se afeita. Prueba superada.

Dios nos regala lo que no nos gusta para que aprendamos a amarlo. Hemos crecido, hemos evolucionado: es hora de quitarnos esa codificación.

Con respecto a las barbas, ¿qué problema tenemos con ellas? Es posible que nuestro padre llevase una y fuese un hombre cruel, y por ello hemos asociado esa información con los barbudos que se aproximan a nuestra existencia. Ese pequeño detalle condiciona el enfoque de nuestra vida.

Y lo mismo puede aplicarse a la prosperidad; si la pides, tienes que vibrar en prosperidad. ¿Qué es lo que nos ha enseñado el sistema? A guardar para el mañana. Si estamos siempre con la cantinela: «Tengo que guardar esto porque el día de mañana puedo necesitarlo», estamos creando una vibración de falta y escasez en el futuro.

¿Qué es la abundancia? Tener hoy lo que necesitamos hoy, para hacer lo que queramos hacer en este mismo momento. Mañana será otro hoy.

Cuando veo a personas muy hundidas en su propio drama, les pido: «Imagínate que alguien viniera y te dijera: "Lo siento, pero te quedan tres minutos de vida"». ¿Qué sería lo más importante para nosotros en ese momento? El amor. El amor que damos y el amor que recibimos día a día, instante a instante. ¿Os importaría la ropa que lleváis? ¿Os importarían los títulos que tenéis, la hipoteca, los ahorros del banco? No. Por supuesto, era una broma: te quedan veinticinco años. Pero ¿por qué tiene que cambiar lo que decimos, lo que sentimos, la importancia que le damos a la vida solo por disponer de más tiempo?

Trabajo con enfermos terminales, y no os podéis imaginar cómo les cambia la percepción de la vida cuando alguien les llega con una sentencia de muerte: «Te queda un mes». Dicen: «Ojalá no hubiese trabajado tanto. Ojalá hubiera dado más besos y abrazos. Ojalá hubiera pasado más tiempo con mi familia, con mis amigos, y menos horas en la oficina». Luego les reseteo la mente. Con la programación de los médicos, la codificación «te queda un mes», si tú lo crees es cierta, y eso es lo que te queda.

A mí me sentenciaron y les dije: «Adiós, me voy a vivir». Veintiocho años más tarde siguen llamándome de vez en cuando para ver si estoy viva. De hecho, me citaron hace ocho años para preguntarme qué había hecho, pero no quisieron escuchar; simplemente me dijeron: «Tonterías, algo de lo que estás haciendo va bien, así que tú sigue así».

Cuando tengo un paciente de cáncer y le queda un mes o una semana de vida, tengo que descodificar todo el miedo que le han inculcado, porque atraes lo que temes. Descodificar ese miedo no es fácil para ellos.

TÉCNICA ZEN

Concha, una señora de cincuenta y cinco años, tenía un tumor entre los dos lóbulos del pulmón izquierdo con una adherencia en la aorta. Era un tumor inoperable. Le dieron un mes de vida.

La descodifiqué, le hice el tratamiento y la sanación zen para eliminar sus bloqueos, para cambiar esa frecuencia, esa vibración en su cuerpo. Le cambié sus hábitos, haciéndola consciente de que iba a vivir todo el tiempo que ella quisiera.

Curiosamente, a las dos semanas la llamaron del hospital y le dijeron: «El escáner que te hemos hecho ha revelado que la adherencia en la aorta se ha desprendido. Podemos operar».

Quince días más tarde la operaron, pero con la convicción de que el tumor seguía allí. Le extirparon todo el pulmón izquierdo, y la sorpresa fue cuando me llamó desde el hospital y me dijo:

—El laboratorio ha llamado al hospital para preguntarles por qué habían extraído un pulmón totalmente sano, en el que lo único que han encontrado es un fragmento de carne de un centímetro de diámetro y sin ningún tipo de actividad tumoral.

Su sobrino, médico, estaba allí, por lo que esa información le llegó a través de su familia directa.

Han pasado ya muchos años y sigue con un pulmón. Y este es solo un pequeño ejemplo de cómo el reset puede ayudar a nuestra salud.

Con la técnica zen somos capaces de encontrar la raíz del problema, que bien puede hallarse en el plano físico —en nuestros hábitos—, en el plano mental —en nuestra conducta psicológica— o en el plano multidimensional. Los diagnósticos están basados en estas tres dimensiones: en lo que podemos medir, tocar y ver. Lo que no se puede percibir con los ojos físicos, para los médicos no existe.

Tuve la experiencia de poder colaborar durante seis meses en una clínica gracias a una invitación que me hicieron los médicos que trabajaban en ella. Para ellos soy una especie de fenómeno social. Compartíamos algunos pacientes y se interesaron en saber cómo trabajo y cómo funciona la técnica. Eso me alegró muchísimo.

Con mucha ilusión y alegría, les pedí que hiciesen una selección de todos sus pacientes imposibles, aquellos que no evolucionaban, con los que no lograban resultados positivos, con intención de encargarme yo de ellos. Seis meses más tarde me dijeron que se iban a quedar sin pacientes por mi culpa, porque el que pasaba por mis manos terminaba recibiendo el alta. Al mismo tiempo, se alegraron, aprendieron la técnica y entendieron que hay algo más allá de lo puramente físico.

La técnica zen te enseña a realizar una respiración consciente, que hace que tu campo energético se concentre, se vuelva compacto, brille y vibre en alta frecuencia. Cualquier tipo de vibración, onda, radiación, o frecuencia inferior no te puede alterar ni infectar tu cuerpo físico, tu mente o tu cuerpo mental.

Los aparatos electrónicos influyen en nuestro campo energético y lo debilitan. Todos tenemos en el plano físico y a nivel energético unos puntos llamados chakras, que giran y crean una frecuencia. Esa frecuencia tiene un color, y cada uno de esos colores posee una vibración.

Los chakras forman lo que denominamos aura o campo magnético. Cuando estás relajado, sano, en un momento de paz, tu campo magnético se expande, firme y uniformemente, a tu alrededor, hasta alcanzar incluso los doce metros en una persona normal y relajada.

Cuando enfermamos o estamos alterados, con el sistema nervioso afectado, en contacto con campos electromagnéticos, nuestro campo energético se debilita y deja de ser uniforme. Nos convertimos en ovejas del rebaño, fáciles de manipular. Pasamos a ser una especie de zombis que caminan sin voluntad propia. Cuando tenemos el control de nuestro sistema nervioso, nada ni nadie nos puede hacer daño. Somos seres conscientes y estamos protegidos.

Para que ningún tipo de vibración perjudicial nos afecte, nuestro campo energético debe ser uniforme y compacto a nuestro alrededor. Si dormimos, por ejemplo, con un despertador eléctrico conectado al lado de nuestra cama, su campo electromagnético nos afecta durante ocho horas al día. Es una tercera parte de nuestra vida. Nuestro campo magnético queda, pues, debilitado. El lado contrario mantiene su forma, pero el lado donde se encuentra el despertador queda muy fino e irregular.

Mediante las varillas de radiestesia —que se pueden hacer en casa con perchas de tintorería, solo hay que darles forma— es posible comprobar el estado del campo magnético de una persona. Si colocas las varillas delante de alguien que se encuentra bien, se cruzarán, porque sería como si su campo magnético —imagínatelo como un globo— y el tuyo chocasen, y eso haría que las varillas se cruzasen. Pero si existe un bloqueo, en ese lado la varilla quedará derecha, porque su campo energético no llegará a tocar el tuyo.

Con la técnica zen, haciendo una respiración consciente y manteniendo la conciencia en el séptimo chakra durante unos segundos, es suficiente para volver a equilibrar un campo magnético alterado.

Las varillas simplemente son antenas que revelan hasta dónde llegan los dos campos magnéticos, es decir, el punto en que chocan y se cruzan. El metal no tiene ninguna importancia, es solo una proyección nuestra en algo material.

Descodificación

Vamos a aprender de nuevo a vivir como cocreadores conscientes de nuestra vida, con el gozo de ese niño inocente que llevamos dentro, solo existiendo en el presente y confiando en que tendremos todas nuestras necesidades atendidas. Somos seres divinos.

Intentamos dejar la mente vacía. Libre. El sistema nervioso en paz. Dejamos de prestarle atención a cualquier cosa del exterior. Vamos al centro, donde habitan el equilibrio, la armonía, la paz, nuestra propia presencia divina.

Recordemos desde el corazón que antes de nacer planeamos un programa para nuestra vida, para nuestra evolución, sabiendo que existe un camino fácil, sin resistencias, que fluye y que nos conduce hasta ese punto de armonía donde vamos a conseguir la realización de nuestro ser. El colmo de la felicidad, la alegría, el amor. El uno con el todo. Nuestro propósito como almas dentro del propósito mayor.

Tenemos un trono rojo luminoso, aterciopelado, donde nos sentamos como cocreadores de este universo. Una versión de nuestra realidad, la más elevada versión de nuestra existencia. Sabiendo que a lo largo de todo este prolongado viaje, este camino, hemos ido creando todas las situaciones necesarias para nosotros mismos.

Hemos construido todas las pruebas en nuestro sendero para ir despertando poco a poco, pero en esta vida, en esta existencia, hemos elegido estar aquí en este momento, al final de un largo ciclo de veintiséis mil años, y nos encontramos a las puertas de convertirnos en un ser crístico, un ser divino.

Necesitamos saber que, durante todo este tiempo, las pruebas que se nos han presentado son creaciones nuestras. Ahora podemos, conscientes de que las hemos creado nosotros, acercarlas, tirarnos a la piscina, ir directos. Guiémonos por nuestro corazón, ignorando la mente, que no hace más que distraerse.

Una vez hayamos superado las pruebas, miraremos atrás y nos daremos cuenta de que no eran nada. Prueba superada. Es la prueba acertada. No creemos resistencias. Fluyamos por nuestro camino construyendo constantemente nuestras vidas, vibrando en amor y aceptación.

¿Queremos avanzar? Miremos a nuestro alrededor, a la gente que interactúa con nosotros. Todos estamos relacionados.

Cuando no vibran con lo que sentimos, perdonémoslos, aceptémoslos y seamos ese cambio que queremos ver en los demás, sin intentar transformar a nadie. Seamos nosotros mismos a cada momento, con todas las consecuencias.

Solo necesitamos un minuto de silencio para escuchar todo ese *software* erróneo y enviarlo a la papelera de reciclaje a fin de poder luego conectar directamente con el disco duro, con nuestro propósito interno.

CANCELAR

Vuestros deseos son órdenes. A partir de este momento, todo lo que penséis, todo lo que miréis, todo lo que digáis y todo lo que sintáis se hará realidad. Si lo creemos desde el corazón, así será.

¿Qué haremos cuando tengamos esa pataleta mental, cuando llegue todo ese autosabotaje, cuando digamos: «Se me ponen delante y me pueden; salto, y saltan el ego y salta la mentalidad física?». ¿Qué hacer cuando metemos la pata con nuestras palabras o cuando decimos: «Siempre me haces lo mismo, siempre es culpa tuya»? ¿Qué hace un programador o un dramaturgo cuando no le gusta lo que ve en el programa o en su obra? CANCELAR. Cancelar. Rectificar. Ya está. Cancelamos y rectificamos.

Esto me lo enseñó Joanna, mi hija, cuando tenía seis años. Yo estaba en la cocina y ella en el baño, y me dijo:

—Mamá, mira, me ha salido un grano en la punta de la nariz. Hoy en el cole todos los niños se van a reír de mí. —Y al momento oí—: Ppprrrrrrr ppprrrr prrrrr prrrrrrrr, cancelar, cancelar, estoy guapa, estoy guapa.

Ella era consciente del poder de sus palabras. Tomé nota y me dije: «Lo voy a usar en la consulta».

Esto lo podéis practicar en casa, con vuestras parejas, con vuestra familia, y si dicen algo que no es correcto, podéis señalar: «Tus deseos son órdenes, cariño». Si lo haces así, tendrán que rebobinar y preguntarse qué es lo que han dicho. Mentalmente se dirán: «Sí, cancelar, rectifico». Para los niños es muy fácil. Funciona. También lo experimentaréis con vuestra pareja.

Gracias, Joanna, por esa lección.

Este es el secreto y esto es lo que nos ayuda a vivir el día a día, ser conscientes de que las personas que nos pueden, que nos hacen saltar el ego, que nos hacen enfadar son nuestros maestros, que conviven con nosotros y nos demuestran que todavía no hemos alcanzado la automaestría.

Wayne Dyer cuenta que estando en casa una mañana, dos de sus hijas fueron a la cocina para desayunar. Una tenía trece años y la otra, quince. La de trece años le dijo a su hermana:

—¿A que si no tuvieras pies, no te pondrías zapatos?

La otra, con cara extrañada, le contestó:

—Pero ¿por qué me dices esas estupideces? Me estás estropeando la mañana.

—Va, dilo, ¿a que si no tuvieras pies, no te pondrías zapatos?

El padre, allí presente, respiraba tranquilo intentando no hacer caso a sus hijas, y la mayor inquirió:

—¿Por qué me haces esa pregunta?

A lo que la pequeña replicó:

—Entonces, ¿por qué llevas sujetador?

Lo que proyectamos hacia fuera es solo un reflejo de nosotros mismos. Aceptemos, demos amor, reconozcámoslo, controlemos los impulsos, las reacciones. Cuanto menos reactivos nos volvamos, más estaremos en el presente, en el centro, en nuestro camino, en nuestra evolución, en el estado más puro de la esencia de nuestro ser.

EL DESPERTAR

¡DESPERTAD! Salid de la ilusión, retirad el velo ilusorio, sed quienes sois realmente, vivid la experiencia desde el corazón.

Que seáis el cambio que deseáis ver en el mundo. Cuando se nos brindan oportunidades, aprovechémoslas para hacer el bien y ayudar a los demás; así también atraemos ese bien a nuestras propias vidas.

¿Cómo se reconoce a una persona despierta? Lo primero es que ella misma ni siquiera lo sabe. ¿Cómo se puede saber si alguien está despierto? Porque es plenamente feliz, vive el presente con intensidad, nada, absolutamente nada, le puede afectar, no se identifica con el ego, no tiene objetos personales y acepta todas sus situaciones conflictivas, pero no las ve como tales, sino como oportunidades para crecer.

Cuando una persona está despierta, su único deseo es querer ayudar a los demás para compartir y vibrar desde la plena conciencia. Es un estado en el que se siente que todo está bien. Cada uno de nosotros estamos viviendo nuestra versión de la realidad, la que sentimos, la que creamos con nuestra propia mente y con la que vibramos. Todo lo que vibra a nuestro alrededor es producto de ello.

¿Alguno de nosotros está realmente despierto? Se puede tener el deseo, tomar la decisión de despertarnos, pero no proponérnoslo como meta. Si creamos metas, no vivimos el presente. Se suele decir: «Seré feliz cuando tenga esto, cuando haga aquello». Pero debemos sentir que ya lo tenemos, que ya lo hemos hecho, que somos felices ahora, en este mismo instante.

Y cada día es el ahora. Mañana será otro hoy. Y más vale vivir intensamente el día de hoy. Cuando uno se vuelve plenamente consciente y educa a sus hijos desde esa conciencia, se empiezan a crear nuevos seres humanos conscientes para el futuro del planeta.

Un padre inconsciente alimenta a su hijo con todos sus problemas, sus patrones, pero cuando despierta, su hijo se convierte en un maestro consciente. El hijo sabe que si papá ya está despierto, le puede dar muchos regalos desde la Fuente, porque ¿para qué sirve dar regalos e información de la Fuente a un padre que está sordo y ciego? Cuando el hijo ve despierto a su padre, empieza la libertad.

Recuerdo alegremente cómo, cuando mi hija tenía tres años, se acercaba la gente a tocarle sus ricitos y le decían:

—Ay, qué mona, ¿cuántos añitos tienes?

Y mi hija respondía:

—Millones. —Y luego me decía—: Mami, ¿por qué la gente hace preguntas tan extrañas?

Una vez me contó:

—Mami, recuerdo que antes de nacer, cuando estaba en el cielo, te elegí como mi madre. Luego vino un ángel, que se llama el ángel del olvido y se mueve por encima de los niños que van a nacer para que se olviden de quiénes son realmente, pero a mí me saltó, por eso me acuerdo.

Los niños que han nacido a partir del año 2000 son tremendamente especiales. Ellos van a romper el sistema, por eso tenemos que escuchar y bajar nuestra guardia de autoridad, esa que nos hace decir: «Soy tu madre [o tu padre] y lo vas a hacer porque lo digo yo». Vienen con mucha sabiduría, ternura y dulzura a enseñarnos el camino.

Osho dice: «Apoyo la teoría de Darwin que afirma que el ser humano ha evolucionado de los animales. Sí, puede ser que haya evolucionado del mono, pero que sea evolucionado, lo dudo mucho».

Cuando una persona vive su vida como un gran sueño, es como el vagabundo que está durmiendo profundamente y sueña con ser emperador. Dentro de su sueño vive la vida como tal, con toda su riqueza y abundancia. Todo lo que quiere lo tiene.

¿Cómo vas a convencer a ese vagabundo de que se despierte de su sueño, cuando cree que es un gran emperador? Por mucho que lo muevas, lo golpees, le grites, ¿se va a despertar? Así vive la humanidad, en ese punto en el que no desea despertar. Pero en este tiempo en el que nos encontramos ya no tenemos otra opción que la de despertar. Confiemos en no tener que esperar una gran prueba, una gran lección que nos abra los ojos y nos haga darnos cuenta de ello.

Hemos sobrevivido a dos guerras mundiales. ¿Creéis que podríamos sobrevivir a una tercera con las terribles armas que existen en la actualidad? Los seres humanos tenemos que despertarnos, unirnos, elevar la vibración, cambiar nuestro mundo para convertirnos en esa mayoría que desea evitar esa lección.

A lo largo de la historia, ¿cuántos maestros han intentado despertar a la humanidad, han sacrificado su vida y han sido comprendidos solo cuando ya han fallecido? Después de muertos, muchos dicen: «Si estuviera aquí y ahora, cuántas preguntas le haría. Ahora sí que le haría caso». Hablo de personas como Gandhi, Martin Luther King o John F. Kennedy.

Un individuo despierto no puede mentir; tiene la obligación del sentimiento, la vibración de la verdad, y únicamente puede expresarla.

Ya es el momento de entrar en otra forma de pensar y sentir que ahora sí es posible. Estamos preparados para escuchar a todos los grandes maestros. Aunque algunos ya se fueron, otros están vivos, caminando sobre la faz de la Tierra. Sois vosotros. Vosotros mismos tenéis ese gran poder, pero necesitáis despertar para reconocer quiénes sois realmente.

Cuando uno ya sabe quién es, sabe quiénes son los demás. Cuando tú sepas quién eres, no tendrás problemas en reconocer quiénes son todos los que te rodean.

Este mundo que estamos creando puede ser el paraíso que tenía que haber sido desde el principio. Nos hemos puesto de acuerdo para encontrarnos y vivir esta vida como un paraíso. Pero como decía mi hija: «Pasó el ángel del olvido».

Después de tantos maestros, mensajes, información y enseñanzas, no hemos logrado despertar. Nos encontramos muy apegados, cerrados en nuestro sueño, nuestra vida, como si estuviéramos dentro de una cáscara.

¿Cómo se puede romper esa cáscara? Hay dos caminos. El primero de ellos es el camino de la espiritualidad, que se transita a través de la meditación, el estudio y el servicio, yendo hacia dentro y no buscando fuera, tratando de encontrar esos cinco minutos al día para escucharnos, para conectarnos con nuestro ser verdadero, nuestra esencia, nuestra chispa de Dios, nuestro ser superior, como dicen algunos. El segundo es el camino del sufrimiento, que se puede manifestar mediante una enfermedad, una discapacidad, un desastre natural, un cataclismo, un accidente...

¿Cuántas personas han experimentado un gran sufrimiento que luego se ha convertido en un despertar? Muchos, después de un accidente, han vivido con plena conciencia su paso al otro lado para luego volver. Podemos tener un momento de expansión de conciencia durante una crisis o una enfermedad.

Es el momento de cuestionar nuestras creencias, romper esa cáscara que nos envuelve, saltar de la pecera, descubrirnos a nosotros mismos, eliminar las etiquetas, salir del sueño, despertarse. Ya les ocurre a muchas personas de todo el mundo. El mismo Jim Carrey explicó, en *Eckhart Tole TV*, que tuvo una experiencia de lo que llamamos la expansión de la conciencia, en la que uno se funde con el todo, vibra con el todo, se siente pleno. Se sintió tan lleno con esa experiencia que sigue deseando repetirla muchas más veces. Eso está al alcance de todos. No hay que ser una persona muy especial; de hecho, nadie es especial, todos somos únicos, cada uno tiene ese algo exclusivo que le ayuda a conectarse con el todo. Solo debemos esforzarnos un poco todos los días para alcanzar nuestra plenitud.

Apagar el televisor y la radio, buscar silencio y no esperar nada, abandonándonos a la nada, porque es posible encontrar ese momento mágico, ese espacio mágico, en medio de los pensamientos. En total paz, relajación, abandono, gozo. Entremos en ese espacio.

Algo muy grande nos llena, algo tan poderoso que no creo que haya ni siquiera orgasmo equivalente. Sería una especie de orgasmo espiritual. Somos enormes a ese nivel, y muy pequeños cuando nos comparamos con el resto del cosmos.

No tenemos más que mirar el tamaño de la Tierra y compararlo con el resto de la galaxia. ¡Y nos creemos grandes! Solo tenemos dos cosas grandes: la boca y el ego. Sin embargo, mientras no te identifiques con el ego, estás en el camino, el camino del despertar.

No permitas que nadie te haga daño, porque, en realidad, nadie puede hacértelo a menos que tú lo consientas.

Somos pura energía. En la vida y en el universo existe una ley cósmica que dice: «Lo semejante atrae a lo semejante». ¿Quién conoce mejor a un ladrón que alguien de su misma condición? ¿Quién conoce mejor a un maestro que alguien como él? Vas a atraer a tu vida aquello en lo que vibres. Si tu vida está llena de mentirosos, ¿en qué frecuencia estás vibrando? La de la mentira. ¿A quién estás mintiendo? A ti mismo. Uno tiene que intentar ser honesto consigo mismo. La primera lección para entender esto es la humildad.

¿Qué elegimos, ser felices o tener la razón? ¿Vamos a permitir que unas circunstancias eliminen nuestra felicidad o vamos a cambiar nuestro sentimiento hacia esas circunstancias? Como dice Bashar: «Las circunstancias no importan, solo importa lo que tú sientes ante ellas».

Podemos evaluar nuestro despertar midiendo nuestras reacciones ante una misma circunstancia que se reproduce una y otra vez. Si las circunstancias siguen repitiéndose, ¿qué es necesario cambiar? ¿Ellas o nosotros? Es lo mismo. Cuando ya no reaccionamos ante ellas, desaparecen, se transforman, cambian. Todo depende de cómo vibremos con ellas, de cómo las veamos, de cómo las sintamos. Llevamos, como un caracol, la casa a cuestas.

Cada uno tiene su propia versión de lo que es el despertar, cada uno ha de vivirlo a su manera, no se puede enseñar. Yo solo puedo daros una idea, inspiraros para que encontréis vuestro propio camino. Todos somos poseedores de nuestras propias pruebas y todos nos ayudamos a encontrar nuestro camino.

Si os enseñara cómo se despierta, estaría influyendo en vosotros, os estaría codificando, y precisamente vamos avanzando en el sentido contrario, hacia la descodificación, hacia la eliminación de patrones, de enseñanzas, de dogmas. Eso significa disponer de libertad para decir lo que cada uno siente y piensa, y para vivir la vida como seres soberanos, desde la libertad, siempre y cuando no hagamos daño a nadie. Fluyendo. Vivir lo que sentimos y sentir lo que vivimos.

A todos los que pasan por mi consulta les realizo un chequeo con la técnica zen para encontrar la raíz de su problema. Y en la mayoría de los pacientes que no evolucionan con la alimentación, con suplementos de medicina natural o con una modificación de sus hábitos y su espacio, se hace evidente que la raíz de su problema reside en el plano espiritual.

Cuando hablo de lo espiritual, me refiero a la más elevada ciencia. Nassim Haramein explica la espiritualidad como ciencia. Debemos viajar a otros niveles multidimensionales para salir de las limitaciones del espacio-tiempo en tres dimensiones. Lo que no vemos con nuestros ojos no significa que esté vacío, que no contenga nada; todo ese espacio está lleno.

Proyectamos al exterior nuestras vibraciones, y siempre vuelven a nosotros. Recibimos lo que damos, y viceversa. Lo que damos con pasión o sentimiento, emoción u odio, regresa a nosotros. Es la Ley de Acción y Reacción. Por tanto, cuidado con lo que vibramos, cuidado con lo que sentimos, cuidado con lo que decimos, cuidado con a quién señalamos porque nos estamos señalando a nosotros mismos, cuidado con a quién criticamos porque seremos objeto de crítica. Hablemos bien de la gente, sin juzgarla.

En todas las enseñanzas y tradiciones se nos dice continuamente: «No juzgues para no ser juzgado». Y para aprenderlo, hay que practicarlo.

Resulta muy fácil entrar en la dinámica de la crítica. Únicamente tenemos que observar a un grupito de personas en cualquier contexto. Solo se requiere que uno abra la boca y diga: «No veas, ¿has visto qué me ha dicho?» para entrar en ese juego. Es como introducirse en un agujero negro: nos atrae, nos absorbe y terminamos haciendo lo mismo.

Después de recibir el reset, empezamos a ser conscientes de lo que pensamos, de lo que decimos y de lo que hacemos las veinticuatro horas del día. Nos convertimos en nuestro propio observador. Empezamos a fijarnos en el escenario de nuestras vidas, lo que se manifiesta en nuestras realidades, qué es lo que estamos alimentando hacia el vacío y vuelve a nosotros. Si no nos gusta la vida, debemos cambiarla. Transformar nuestra manera de vibrar. Tenemos que aprender a vivir otra versión de nuestra propia realidad.

Cuando elegimos y tomamos la decisión de cambiar, decimos: «¡Qué bien, me dirijo al camino del despertar! He tomado la decisión de alinearme con mis deseos, de verme feliz y realizar mis sueños porque es lo que más anhelo, porque no me gusta lo que estoy viviendo». Seguidamente, ¿qué ocurre en nuestra vida? Una revolución: ¿quién dijo que despertarse fuera fácil, agradable y alegre?

Cuando vemos que los amigos más íntimos que teníamos a nuestro lado se apartan, o cuando nuestra familia no nos comprende, ¿qué ocurre? ¿Qué sucede cuando los amigos de toda la vida, los compañeros, nos dan la espalda? Nos sentimos solos. Sin embargo, en el momento de nuestra expansión de conciencia, aunque físicamente nos encontremos solos, sabemos que no es así; por el contrario, estamos más acompañados que nunca. Empezamos a atraer a nuestra vida a personas afines a esa vibración, a lo que nos resuena, a lo que alimenta ese primer vacío. Piensan como nosotros, nos aportan cosas y nosotros se las aportamos a ellos. Cuando eso ocurre, nos volvemos todos un poquito más locos y nos alegramos de ello, de ser más locos que los demás. ¡Bendita locura!

Somos pura energía. En nuestro campo energético, en el plano físico, mental, espiritual, se crean bloqueos, que en muchas ocasiones no nos facilitan el camino hacia el despertar. Tenemos que avanzar pero no podemos, algo nos retiene.

Hay que limpiar, desatascar, desbloquear, echar todo ese *software* erróneo a la papelera de reciclaje para que podamos acceder al disco duro, el cuarto chakra. Nuestro cuerpo mental, nuestra supermemoria, la memoria de todas nuestras existencias está allí dentro.

Hay otra parte del programa: la mente concreta, ignorante, que registra lo que nos han codificado en esta vida y que es necesario descodificar para poder hacer esa transmisión de datos desde la memoria del alma hasta la memoria en tres dimensiones; debemos desprendernos de toda la basura y dejarla en la papelera de reciclaje.

Si nos movemos en ambientes con energía densa, en zonas donde hay mucha drogadicción, alcoholismo, vandalismo o terrorismo, ¿cómo terminamos? Siendo uno más. Por el contrario, si vivimos en una comunidad donde hay amor y felicidad, donde se comparte y se organizan eventos, donde nos sentimos bien, ¿cómo estaremos? Solo debemos elegir a cada momento qué deseamos en nuestras vidas, qué queremos para nosotros y para los que nos rodean, qué anhelamos para que este mundo sea cada vez mejor.

LAS SEÑALES

Una querida amiga dio a luz a su bebé a las 2:22 de la madrugada. Curiosamente, cuando el bebé ya tenía veinticuatro horas, me levanto por la mañana y cuando voy a llevar a mi hija al colegio, miro el reloj para ver si vamos bien de tiempo. El reloj se había parado esa noche a las 2:22 de la madrugada, justo veinticuatro horas después del nacimiento del bebé de mi amiga.

Ahí estaba la sincronicidad en los acontecimientos, la magia de la vida en toda su manifestación. Y lo más curioso es que mi número favorito, el que me ha acompañado toda la vida, es el 222.

El tiempo son números sincronizándose con el espacio para crear esa magia. Y para mí fue mágico que el reloj se parase esa noche precisamente en ese momento. A la vuelta del colegio, vi que se había puesto en marcha otra vez. ¿Qué quería decirme el universo en ese momento con esa sincronicidad, justo con ese número? ¿Qué deseaba comunicar ese ser, qué tenía que captar yo con eso? Ese bebé acababa de llegar de la Fuente, con su pureza y su inocencia. Había algo que tenía que comunicar allí o que tenía que descubrir.

Fue el reloj en ese momento el que me dio la pista que debía seguir.

¿Qué hace una mujer cuando está a punto de dar a luz? Rompe aguas, justo antes de que salga el ser, causando la mayor alegría de la madre. Ese es el aviso de que ya viene la vida, de que algo nuevo va a nacer. Mi amiga se encontraba cenando con un grupo de amigos unidos por el tema del nacimiento y el parto natural. Entre ellos había profesores de yoga. En ese momento, se puso de parto.

Imaginad la cara de los presentes cuando vieron que iba a dar a luz en ese instante. Ella les pidió que la acompañaran en ese proceso. A la una de la madrugada notó que debía ir al hospital —tenía contracciones cada dos o tres minutos— pero antes deseaba preguntarle al bebé si ya había llegado el momento. Él le dio un codazo en la barriga, como diciendo: «Va, venga, ya toca». Llegó al hospital a las dos menos cuarto, y en menos de treinta y cinco minutos ya había alumbrado a su hijo de forma natural.

Lo curioso fue que tuviese lugar esa noche especialmente, justo en una reunión de amigos interesados en esos temas. Es muy bonito comprobar que estos seres tan especiales nos ofrecen todas estas señales. Solo tenemos que prestarle atención a lo que nos quieren comunicar.

Debemos estar atentos a las señales, a sus códigos. Por ejemplo, si decimos que nuestro número favorito es el 222, podemos estar pensando en algo, cuestionándolo, y justo entonces pasa un coche con una matrícula en la que aparece el 222. No habíamos mirado ninguna matrícula antes, pero de repente dirigimos nuestra atención a esta. De alguna manera, el universo nos está indicando que sí, que esa es la decisión correcta.

Algunas personas tienen otros códigos, otros números, otras señales que siempre les indican el camino. ¿Qué hace el universo? Se dirige de alguna forma a nosotros, se manifiesta en la tercera dimensión, en el mundo físico, para decirnos: «Puesto que diriges la atención ahí, ahí pondré la respuesta». El universo se confabula con nosotros. Una persona despierta es una persona atenta a las señales, mientras que una persona dormida siempre dirá que se trata de una casualidad. Se queda en la superficie y no cuestiona nada más allá de lo aparente.

Esa es la magia del vivir: empezar a cambiar las casualidades por las causalidades. Debemos mirar con los ojos abiertos, con la visión y la inocencia de un niño, en el eterno presente. Con una perspectiva más amplia de la que solemos tener los adultos menos despiertos.

Todo será lo que nuestros pensamientos sean. Creamos siempre nuestra propia realidad. Si uno cree que el 666 es un número negativo, cada vez que lo vea en un coche o un teléfono, pensará que algo malo puede ocurrir. Si poseemos la capacidad de convertir lo negativo en positivo, lo transmutamos. La suma de $6+6+6$ es 18, es decir, $1+8$, que es igual a 9, y 9 es el número de la creación de la mujer, lo divino femenino. Ya hemos cambiado el concepto y podemos ver ese número de otra manera.

Se ha transformado algo que, inherentemente, para mucha gente es negativo. Cada vez que veo el número 666, pienso en el 9, en lo divino femenino, en esa energía de la mujer, de la diosa creadora. Por lo tanto, para mí no implica satanismo o lo que nos quieran inculcar algunos.

Debemos siempre buscar esa parte positiva. Siempre existe la dualidad, pero hemos de ir hacia donde realmente queremos dirigir la conciencia, ser todos uno en armonía con el deseo de crear el paraíso en la Tierra y evitar las distracciones por donde nos han conducido siempre para mantenernos en la dualidad. Hemos de ser conscientes en todo momento de nuestro gran poder, como seres divinos que somos realmente. Somos seres divinos que empiezan a reconocerse a sí mismos. Debemos comunicarnos de ser a ser y olvidarnos de ser simplemente el pequeño yo: «Yo no soy nada, yo no tengo ningún poder». Este es el gran momento del despertar colectivo. Se trata de un momento precioso, en el que no debemos distraernos con todo lo que no sea nuestro ser.

2

EL KARMA

¿Qué es el karma? Una de las leyes universales más importantes que existen, la conocida Ley de Acción y Reacción, Ley de Causa y Efecto, Ley del Equilibrio. Eso es el karma.

Para ser quien eres realmente en este momento, aquí en la Tierra, tienes que haber vivido ochocientos millones de vidas. No me negarás que son unas cuantas vidas que proporcionan una amplia experiencia.

La gente dice: «Quiero recordar mis vidas pasadas». Pero no comprenden que supondría un trabajo inmenso si además desea conocerlas todas. Recordar una vida podría ser más fácil, pero ¿cuál de los ochocientos millones?

La vida es pura experiencia. En toda nuestra trayectoria hasta llegar aquí hemos sido ángeles, santos, demonios, criminales..., de todo. Hemos experimentado la dualidad en todos sus aspectos, todas aquellas variables que existen entre lo bueno y lo malo. Lo que es bueno para unos es malo para otros. Por eso todas las grandes enseñanzas nos indican muy claramente que jamás debemos juzgar a nadie.

¿Cuándo crecemos más? Cuando estamos viviendo la experiencia de mayor adversidad, que no es más que una oportunidad para crecer. Se trata de aceptar la experiencia.

Hemos ido bajando por todas las dimensiones, agotando todas las experiencias hasta llegar aquí, la tercera dimensión. No nos acordamos de nada: quiénes somos, de dónde venimos y hacia dónde vamos. Somos seres humanos maravillosos y espectaculares, increíblemente divinos, y tenemos una altísima capacidad espiritual, pero nos hemos olvidado de ello. Incluso parecemos algo torpes en nuestra forma de vivir y entender la existencia. Cualquiera que nos viera diría: «Míralos, con todo lo que saben hacer y no se enteran».

Por eso es necesario conocer nuestros programas, conocer nuestros caminos, saber qué es lo que hacemos aquí en la Tierra. Debemos empezar a cuestionarlo todo mirando al cielo, incluida toda la existencia. ¿Cuántos de nosotros hemos hecho eso?

NUESTRO PROGRAMA

Como ya te dije, somos como un ordenador biológico, con un disco duro, una base de datos y un *software* que se ha ido introduciendo en nosotros a lo largo de nuestra vida. Venimos con un disco duro que podemos llamar supermemoria, donde almacenamos la información de toda nuestra existencia, de todas nuestras vidas.

Hay otro disco duro que es la mente concreta. Es lo que llamo la mente estúpida, que interpreta la realidad en tres dimensiones. No hay que hacerle mucho caso, ya que ahí es donde reside el ego, y no interfiere con el acceso al disco duro que es la base de datos de toda nuestra existencia.

Cuando formulamos nuestro programa de vida, contamos con muchas posibilidades para elegir dentro de un amplio abanico. A simple vista, parece que en nuestras vidas tenemos elección, pero siempre es una elección relativa.

El superprograma de nuestra vida como individuos está en todo momento interactuando con millones de programas que ofrecen múltiples y diferentes posibilidades, lo que hace de nuestro programa algo en parte hipotético: «Si hago esto, puede pasar esto, que me conducirá a esto y esto otro, pero si no hago caso y voy por este camino, me puede pasar esto, esto y esto». Tenemos una fecha de nacimiento y otra posible para morir, y entre ellas existen muchas otras fechas potenciales.

En cierta ocasión acudió a mi consulta una chica en silla de ruedas que me dijo:

—Dos días antes del accidente que me dejó parapléjica, les había dicho a mis amigas que iba a tener un accidente de coche.

Esta persona, de alguna manera, había recibido esa información para que estuviera alerta. Sufrió el accidente, murió, pasó por el túnel y salió al otro lado. Me contó:

—Fui hacia la luz, y la luz me dijo: «¿Quieres vivir o no quieres vivir?».

Ella admitió que sí, y la luz le advirtió que si volvía se quedaría en silla de ruedas. La chica aceptó, y se despertó en el hospital incapaz de moverse de cintura para abajo.

En la actualidad, es consciente de que dentro de su programa cabe la posibilidad de que se pueda curar y cree firmemente que algún día se levantará de la silla de ruedas. Ha probado de todo, no hay que perder la fe. Yo le digo que venga siempre que quiera, que algún día bailaremos juntas. Esto está dentro de su programa.

Tenemos un programa y podemos pedir que nos dejen verlo, comprenderlo, aceptarlo. ¿No dicen «pedid y se os dará»? Pues nos dan. Si nos gusta o no es otra cuestión. Una vez tuve una experiencia en la que salí de mi cuerpo y me elevé. Miré hacia abajo y vi un tablero de ajedrez enorme. Era una especie de laberinto, y en la parte de arriba, en la esquina derecha, había un precioso trono de terciopelo. La esencia de Suzanne estaba en la esquina opuesta. Desde donde yo me encontraba hasta el trono había una escalera muy grande, y a cada lado un laberinto. Pregunté cuál era el camino más corto y apareció una luz roja que se movía de aquí para allá. Y me pregunté: «¿Cómo hago eso?». A continuación empezaron a salir diferentes escenas de mi vida, personas colocadas a lo largo de los caminos, de los laberintos, que podrían ser mis distracciones, mis experiencias, y en cada peldaño de esa escalera había una especie de muro que era una prueba, una dura prueba. Quise saber: «¿Quién ha hecho esto?». Y alguien respondió: «Tú». ¿Estaría loca? ¿Yo? ¿Cómo podemos hacer algo tan increíblemente sofisticado? Me enseñaron una parte que ya había pasado y me dijeron: «¿Ves esas pruebas de allí? Las superaste, pero mira las vueltas que has dado. Todo fue para regresar al mismo sitio, a fin de que tengas fuerza y confianza para saltar ese muro». Luego llegas al otro lado del muro, miras hacia atrás y dices: «Total, no era para tanto».

Resulta emocionante comprender que hemos sido nosotros mismos los que hemos creado ese laberinto y todas esas difíciles pruebas, porque sabemos que las podemos superar. Pero queremos hacerlo rápidamente. ¿Cómo debemos actuar entonces? Muy sencillo: dejando de distraernos por el laberinto, agarrando al toro por los cuernos y saltando a la piscina, haciendo todo lo posible para superar cualquier prueba, cueste lo que cueste, con todas las consecuencias. Es necesario hacer lo que sentimos y como lo sentimos, digan lo que digan, porque sabemos que si lo hacemos ya hemos superado la mitad de los obstáculos.

Cuando lleguemos al otro lado, miraremos atrás y podremos observar el camino por el laberinto que nos hemos ahorrado. Subiremos un peldaño y lo veremos todo diferente desde allí. Y reconoceremos las trampas o tentaciones que pueden proceder de lo material, de nuestros deseos, de nuestros despistes, de aquello que nos empuja hacia la ambición o hacia la fama. Una casa más cómoda, un coche más grande... Podemos tener nuestros caprichos, no hay ningún problema, pero hay que reconocer las trampas y tenerlas siempre muy presentes.

Saber cómo es el final de nuestro programa nos da una fuerza tremenda. Cuando tenemos una idea muy clara de lo que queremos, accedemos a nuestro disco duro y decimos: «Esto es lo que quiero y no me conformo con otra cosa. Tengo un proyecto, tengo un sueño, y lo voy a conseguir». Lo obtendremos eliminando resistencias, alejando mentalmente la ausencia de recursos.

Os contaré una anécdota para ilustrar esto último. Mi hija llevaba un mes diciendo que quería ir a París. Un día acudió un chico a la consulta y me dijo que acababa de llegar de París, para veinte minutos de consulta. Me indicó:

—En el vídeo del reset he visto que tienes una hija. Si quieres podéis entrar conmigo gratis a Eurodisney, ya que trabajo allí. Os puedo alojar en mi piso sin ningún problema.

—Acepto –le contesté.

Esa noche se lo comuniqué a mi hija:

—Joanna, nos vamos a Eurodisney durante la Semana Santa.

Y ella contestó, para mi sorpresa:

—Ya lo sabía.

Si mentalmente nos ponemos en el modo: «Me encantaría llevarte a Eurodisney, pero ¿tú sabes lo que vale eso? Es muy caro, que si el avión, que si los hoteles, que si tal...», lo único que hacemos es poner resistencias ante nosotros, proyectar que no tenemos recursos. No nos centremos en lo que la mente cree que necesitamos. Pidamos y se nos dará. Por el simple hecho de poder imaginar algo, ya significa que está incluido en nuestro programa.

Si le preguntamos a un paciente si se puede imaginar en determinado lugar o en determinada circunstancia y contesta que jamás, eso significa que no se encuentra en su programa. En cambio, si dice: «Sí, cómo me gustaría» y empieza a recrearse en esa imagen, quiere decir que está en su programa, para lo bueno y para lo malo.

El programa es hipotético. Creamos nuestro camino, y todas las tristezas y todas las alegrías que vivimos son algo que hemos fabricado en cada momento. Dentro del programa, elegimos por dónde vamos, podemos ser diferentes versiones de quienes somos realmente. Podemos ser la versión de tres dimensiones o elevar nuestra conciencia, nuestros pensamientos, nuestra frecuencia, nuestra vibración y ser quienes somos en el aspecto divino. Seremos capaces de vivir la experiencia de ser un ángel en la Tierra o un demonio, ya que ambos están dentro de cada uno de nosotros. Y como vivimos en la dualidad, experimentamos ambos aspectos de ella, el ángel o el demonio.

Hay quien prefiere la experiencia de vivir en la parte más densa de la dualidad. Tenemos que agotar todas las experiencias de la dualidad en la tercera dimensión. Por ello no somos ni mejores ni peores que otros. Se trata simplemente de la experiencia que quizás necesitábamos para terminar de despertar.

Hay una historia real de un terrorista al que le habían enseñado que Alá quería matar a todos los judíos, y él estaba obligado a hacer lo que había aprendido. Este hombre sufrió un accidente y estuvo ingresado en un hospital muchos meses. El hospital era cristiano, y allí lo cuidaron, lo mimaron y le dieron mucho cariño. Finalmente, cuando le dieron el alta, el médico que lo había atendido le ofreció su casa, porque no tenía adonde ir, le dejó un coche, le dio comida, habitación, todo lo que necesitaba. Cuando se recuperó por completo, volvió a su país. El médico le dijo:

—Vuelve cuando quieras, aquí tienes tu casa. —Era una persona con conciencia.

El terrorista regresó a su casa y encontró todo el salón lleno de polvo. Tomó su pistola y dijo:

—Alá, tú eres mi Dios. —Pero Alá no le contestó. Y él replicó—: Si no me respondes, me pegaré un tiro.

De repente vio una gran luz delante de él que pasó a través de la ventana y se presentó como Jesús. Y le dijo:

—Mira, yo soy tu Dios.

—¿Qué? ¿Y Alá? ¿Dónde está? —contestó el hombre.

—Estoy en todos los seres humanos, y Dios, o lo que tú crees que es Dios, no es más que tu mente. Todos somos una gran familia, todos somos hermanos. Guíate por donde te mueve el corazón —afirmó la imagen.

El terrorista dejó la pistola y se dio cuenta de todos los errores que había cometido a lo largo de aquel tiempo al haber matado a tanta gente por sus creencias.

Ahora este hombre va por el mundo dando conferencias a musulmanes para intentar hacerles entrar en razón. No hay enemigos, todos somos de una misma esencia, amor, Dios, llamémosle como queramos. Todos somos uno.

Esa persona rectificó, pero tuvo que pasar por una experiencia muy adversa, de gran dureza, una gran lección. Si en nuestro propio programa decimos: «Pase lo que pase en esta vida, me despierto» y si no despertamos con un pequeño accidente, tropezando con el gato y dándonos un golpe contra la pared, recibiremos otro más fuerte. Podemos sufrir un accidente de coche y rompernos las piernas o las caderas y vernos obligados a estar dos meses en cama. Entonces nos detendremos a reflexionar sobre nuestra vida.

Si eso no sirve, nos daremos un golpe más grande. Quizás tengamos que ingresar en el hospital durante todo un año. En ese caso, dispondremos de tiempo para pensar. Así, mirando al techo, a las luces, a la gente que va y viene. Tal vez a la cuarta no sobrevivamos para despertar en esta vida.

¿Cómo saber que estamos evolucionando con todas estas experiencias? Creamos nuestra propia realidad, nos regalamos adversidades para despertar, tenemos que aceptar todo lo que ocurra. Si no nos gusta lo que está sucediendo en nuestra vida, reflexionemos sobre ella.

Antes de lo que podemos llamar la nueva espiritualidad, la psicología nos enseñaba a ir hacia atrás, a trabajar nuestros traumas. Si hacemos esto, ponemos toda nuestra atención y enfoque sobre lo difícil que han sido nuestras vidas hasta ahora. Vamos a mirar hacia delante, porque nuestro futuro es o será lo que vibremos en el presente, ahora. Si hacemos borrón y cuenta nueva y decimos: «A partir de ahora voy a ser feliz; puedo con todo, acepto, perdono, olvido y elijo darme permiso para ser feliz con todas las consecuencias, nos damos permiso para ser felices, empezamos a ser nosotros mismos, a sacar nuestro carácter, a plantarnos, a decir «no». Comenzamos a actuar desde el corazón, con nuestra mejor intención, pero jamás con la idea de hacerle daño a nadie.

La Ley de Acción y Reacción afirma: si robas, te van a robar; si insultas, te van a insultar; si pegas, te van a pegar; si gritas, te van a gritar, porque cualquier pensamiento o palabra que sale de nosotros nos vendrá de vuelta. Si sale con intención de hacer daño, te harás daño.

Las grandes enseñanzas decían: «Haz a los demás lo que deseas que te hagan a ti». No pertenezco a ninguna religión, pero esto es ley de vida, ley cósmica, ley kármica. Si en esta existencia te insultan, te atacan, te hacen la vida imposible, aunque suene un poco duro, piensa en dar las gracias. Estamos saldando cuentas. Aceptémoslo todo, no nos defendamos de nada. El silencio es la mejor arma. Demos amor, no contestemos mal. Admitamos que esa persona nos está haciendo un favor.

No vemos la imagen de toda nuestra vida, nuestro programa. Solo observamos desde una perspectiva muy cercana el drama de la vida, pero cuando nos alejamos de él todo cambia. Si nos despiden del trabajo, pensamos: «No lo entiendo. Por qué a mí». Pero al alejarnos del drama, decimos: «Era necesario ese despido, porque gracias a él me quedé libre, fui a un parque y conocí al hombre de mi vida». Un despido es un regalo kármico. Una multa de tráfico es una deuda kármica saldada. Es mucho más fácil pagar una multa de tráfico que pagar karma con tu salud.

Imaginemos nuestro karma como una cuenta bancaria. Sabemos que venimos con muchas deudas de otras existencias. Los asmáticos, por ejemplo, en otra vida han aplastado a mucha gente, personas que se veían asfixiadas y no podían devolver el dinero. Ahora, en esta vida, sufren ahogo. Los peluqueros han cortado muchas cabezas, y en esta vida las arreglan. ¿Quién quería ser médico y no pudo por falta de dinero? ¿Y en qué te has convertido? En carnicero o charcutero. Cortas de otra manera otro tipo de carne. Programa mejor tu próxima vida. Todo tiene un porqué. Las profesiones guardan relación con nuestra cuenta kármica.

Tenemos una cuenta bancaria, deudas que pagar. Sí, no nos gusta esta vida y sabemos que ha sido injusta, incomprensible, tenemos mala salud.

¿Queremos que las cosas se arreglen rápido y mejor? En Oriente dicen: «Haz caridad con amor, sin esperar nada a cambio». Practica el amor incondicional. ¿Qué sucede con nuestra cuenta bancaria cuando hacemos esto? Ganamos créditos, y esos créditos nos ayudan a saldar deudas. Si ayudamos a muchísima gente, saldaremos nuestras deudas kármicas. A partir de ese instante empieza la magia: «Tus deseos son órdenes». Pedimos algo y lo conseguimos. Pidamos y se nos dará.

Hace años estuve en Vietnam haciendo un trabajo humanitario. Viajé por todo el país y fue una experiencia muy dura. Al cabo de tres semanas, mientras viajábamos en un microbús, le comenté a un compañero:

—Javi, estoy cansada de la sopa vietnamita. ¿Sabes lo que más deseo? Una *baguette* con huevo duro, sal y pimienta negra.

Tenía ese antojo. Al rato, el microbús se detuvo y mi maestro, que nos acompañaba, dijo:

—Vamos a parar por si alguien desea hacer sus necesidades.

Fuimos a un murito vietnamita, un lugar donde los hombres se ponen a un lado y las mujeres a otro. Mientras hacíamos nuestras necesidades, Javier me dijo:

—Mira, Suzanne, allí hay una campesina con una cesta de huevos.

—Pero ¿qué hace esa persona con huevos en medio del bosque? No es normal —me extrañé.

Subimos al microbús, pero mi maestro había desaparecido; se había adentrado en el bosque. Cuando volvió, traía un bulto bajo la ropa, y nos dijo:

—¿Quién quiere pan?

Y yo me preguntaba: «¿De dónde ha salido este pan? ¡Pero si solo hay bosque y árboles!». De debajo de su abrigo empezó a sacar panecillos; éramos trece, y nos lanzó una barrita de pan a cada uno. Javier me miró y dijo:

—Qué casualidad, ¿verdad?

Después mi maestro metió las manos en los bolsillos y preguntó:

—¿Alguien quiere huevo? —Y me lanzó uno, que estaba cocido.

Javier me miró, y comentó:

—Como ahora saque sal y pimienta negra, esta noche te voy a poner en un altar.

Dicho y hecho: el maestro se acercó hasta donde estábamos, metió de nuevo la mano en el bolsillo, sacó un trozo de papel de periódico y dijo:

—Toma, princesa.

¿Qué había dentro? Sal y pimienta. Javier y yo nos quedamos atónitos. Le pregunté al maestro:

—¿Cómo has hecho esto?

—Después hablamos —me contestó.

Preparé el bocadillo como pude, partiendo con los dientes el huevo en rodajitas, y me lo comí. Me supo a gloria.

Estábamos a cuarenta grados y sin aire acondicionado. Le comenté a Javier:

—Después de este pan y del huevo, ¿sabes lo que iría muy bien ahora? Me encantaría esa leche de coco que ponen con una cañita.

A los diez minutos, se oyó una voz:

—¿Alguien quiere beber algo?

Paramos al lado de la carretera, donde había una campesina con trece cocos preparados. Eso ya fue el colmo. Los bebimos y cuando me subí al microbús, le pregunté de nuevo al maestro:

—¿Cómo has hecho eso?

—Luego hablamos —me volvió a decir.

Por la noche pude hablar con él a solas y cuando le pregunté cómo había sucedido todo aquello, me contestó:

—Yo no lo hice, fuiste tú. —Y añadió—: Recuerda que aquí estamos haciendo un trabajo muy duro, no pedimos nada a cambio. Es entrega, y de alguna manera es como si ganaras muchos créditos en tu cuenta, que puedes canjear por deseos, y como has formulado un deseo desde lo más profundo de tu alma, el universo simplemente se ha confabulado para materializarlo en tres dimensiones.

¿Cómo se queda uno con eso? La curiosidad pica, y me dije: «Esto lo voy a probar». Los compañeros del viaje empezaron a llamarme «la enchufada». Me decían:

—Suzanne, a ver si esta noche para la cena toca... Anda, pídelo tú.

Y funcionaba. Si deseamos algo, ya está en el programa; solo tenemos que ganar créditos para merecerlo.

¿Queremos mejor suerte en nuestra vida, o tal vez algún capricho? Podemos tener muchos caprichos si nos lo proponemos. Buscándonos la vida, ganándonos una vida. Esa es la manera de poder acceder a lo que llamo la Divina Providencia, que nos proporciona todo lo que pedimos cuando sabemos cómo acceder a ello. Es tan fácil como pensar que nuestros deseos son órdenes.

Tenemos que creerlo. Debemos eliminar las resistencias, cambiar nuestras mentes, atrevernos a pensar que lo merecemos, a pedir con todas las consecuencias, porque muchas de las cosas que pedimos no vienen a nosotros cuando queremos o bien no son lo que habíamos imaginado.

Por ejemplo, si pedimos que nos toque la lotería y ganamos, ese dinero puede convertirse en un veneno. ¿Cuántas personas han destrozado su vida por ganar la lotería? Si llega a nosotros repentinamente una gran cantidad de dinero, se nos presenta una oportunidad divina para ayudar a mucha gente y convertirnos en un filtro. Es como si fuera una trampa que nos puede acarrear graves consecuencias, como si alguien dijera: «Vamos a ver si caen en esa trampa, si son capaces de evolucionar con este dinero o si, por el contrario, son ambiciosos o van a tener miedo de perderlo».

Sabemos que cuando damos, nos estamos ofreciendo una maravillosa oportunidad, porque cuando damos, jamás perdemos. Si entregamos diez euros a la caridad, cuando los necesitemos, regresarán a nosotros. Cuanto más damos a los demás, más nos reconocemos como un filtro limpio y puro, y más podemos entregar. Es un juego que hay que atreverse a descubrir y disfrutar.

Podemos preguntarnos: «¿Cuánto necesito para vivir?». Mil euros, dos mil, tres mil... Pues bien, todo lo que ganemos de más lo invertiremos en otras personas. Si nos decimos: «Y si gano mil euros de más, quizás sea mucho dinero para regalar». Esa es la trampa. Pero si pensamos: «Lo voy a hacer igualmente; al final van a regresar a mí», en lugar de ganar mil euros, posiblemente ganemos tres mil o cuatro mil. Sin embargo, en el momento en que tengamos ambición, se cierra el grifo: «Este filtro no nos funciona, vamos a buscar otro».

A lo largo de mi vida me han despedido muchas veces, y me encanta cuando lo hacen. Ahora solo tengo el problema de que no me dejo contratar. Así que nadie me puede despedir.

Hace unos años me despidieron y en aquel entonces —fue antes de la entrada del euro— me dieron un finiquito de quinientas mil pesetas. Era un buen trabajo, pero elegí el camino espiritual. Decidí entregar esa cantidad de dinero a distintas causas: asilos, orfanatos, zonas afectadas por catástrofes. A la semana siguiente volvió a mí por otra vía. Llamé a quien era mi maestro y le dije:

—Mira qué ha ocurrido: di este dinero y en menos de una semana ha regresado.

Él contestó:

—Si ha regresado, eso significa que lo vas a necesitar. ¿Por qué no me acompañas y entregas el dinero a las causas que crees que más falta les hace?

Pude estar dos años viajando y haciendo obras humanitarias porque cuando entregaba dinero siempre volvía por algún otro lado. Parecía milagroso. No perdía nunca, recibía todos los caprichos. Me convertí en una consentida cósmica. Regalo por aquí, regalo por allá... ¡Es tan mágico vivir!

Tuve otro despido bastante interesante. Junto al lugar donde hacía mis consultas, trabajaba un médico, un oncólogo alternativo que fue un día a hablar con mi jefe de entonces y le advirtió:

—O cierras la consulta gratuita de Suzanne Powell o dejaré de extenderte recetas médicas.

Mi jefe me dijo:

—Lo siento mucho, Suzanne, pero si pierdo este cliente, pierdo tres mil euros diarios.

—¿Y qué quieres que haga? –le pregunté.

Me respondió que no tenía más remedio que despedirme.

—Pues que no te dé pena –contesté.

Al cabo de dos días me preguntó:

—¿Y así te lo tomas?

—Sí, no pasa nada; solo significa que hay algo mejor que me espera.

Era un regalo para el cambio.

Recuerdo que un par de días después tuve que dar una charla sobre la Ley de la Atracción. Empecé mi disertación diciéndole al público, para despertarlo un poco:

—Hola, buenos días. Ayer me despidieron, ahora soy libre, puedo tener vacaciones y además voy a cobrar el paro.

En esa misma charla, después de hacer un reset colectivo, una chica que no conocía de nada vino a hablar conmigo, y me dijo:

—Suzanne, ha ocurrido algo muy extraño. Nunca me había sucedido nada parecido en mi vida, porque nunca he tenido una experiencia así. Después del reset, cuando abrí los ojos, detrás de ti, vi un ser de luz enorme, que me dijo: «Mira, no te preocupes por el despido de Suzanne, que ha sido obra nuestra. La necesitamos libre. Sigue sus enseñanzas, ya que te ayudarán en tu propio camino».

Por algún motivo tenía que estar libre y había que celebrarlo. Si tememos no tener abundancia, ya estamos creando ausencia. Si decimos: «Necesito dinero», viviremos la experiencia de necesitar dinero. Debemos afirmar: «Ya lo tengo» y confiar, porque la abundancia es tener hoy lo que necesitamos hoy para lo que tenemos que hacer hoy.

Si contratamos un plan de pensiones, estamos generando la necesidad de tener un plan de pensiones en el futuro. ¿No es mejor que el dinero circule, ayudando a hambrientos, ayudando a hacer proyectos, ayudando a la gente? ¿De qué te sirve el dinero en el banco? Lo amasas, lo acumulas, se pudre: ¿para qué? Para el mañana. En ese caso, ya estás creando escasez para mañana. El dinero también es energía, y lo divertido es que dé vueltas, que circule, porque de donde viene siempre hay mucho más.

Por eso no debemos ganarnos la vida con nuestro trabajo, sino más bien ganarnos una vida.

Todo es perfecto si salimos del drama. Si no nos gusta nuestra salud, si no nos gustan nuestros cuerpos, si no nos gustan nuestras casas, todo se puede cambiar. ¿Cuál es el secreto? Demos lo que deseamos recibir. Vibremos hoy con lo que deseamos ser mañana, porque mañana solo es el producto de hoy, y pasado mañana será el producto de mañana. Esa es la manera de crear nuestras vidas de forma consciente.

Podemos aprender la técnica zen, a meditar, ese recurso que nos ayude a controlar nuestras vidas y ver cómo evolucionamos con las mismas personas de siempre pero sin reaccionar de la misma manera. En mi caso, puedo estar con mi hermana, ella lanzándome dardos y yo tranquilamente cambiando de tema, sonriendo. Cuando un niño tiene una pataleta para llamar la atención y no le haces caso, ¿cómo reacciona? Se calla y piensa: «Bueno, como esto no funciona, voy a buscar a otro que me haga caso».

Es el juego del ping-pong. Si alguien hace ping, no hagas pong. Cuando hace unos cuantos ping y no le respondes, se aburre y dice: «Me voy a buscar a alguien que haga pong». Es muy fácil y divertido. ¿Queremos cambiar nuestras vidas? Observemos nuestra realidad y cambiemos nosotros. En esa transformación dejamos de reaccionar sin control, dejamos de saltar, y controlamos nuestro carácter y nuestro ego. Si nos pinchan, no nos inmutemos. Si alguien intenta hacernos daño y no le damos permiso, no lo logrará. Si me viene una persona a la consulta gritando, mi ego puede reaccionar diciendo: «Más despacio, que la consulta es gratuita, no me vengas así», o bien ser consciente de su problema: «Esta persona necesita más ayuda que cualquier otra». La primera reacción pertenece al ego; la segunda, a la evolución. Podemos cambiar y no actuar de modo defensivo.

¡Qué divertido es el karma! Especialmente cuando entendemos la cuenta kármica, las deudas, los créditos, cuando comprendemos que somos capaces de cocrear con nuestra mente lo que deseamos vivir y sabemos que podemos acceder a todos nuestros sueños y a todos nuestros deseos, y construir otra realidad juntos.

KARMA COLECTIVO

Una persona despierta ayuda a despertar a los demás siempre de forma desinteresada. Si, por ejemplo, vemos que hay muchos problemas en un país, inundaciones, terremotos, ¿cómo protegemos nuestro país? Ayudando al perjudicado. Si trabajamos en conjunto con amor, ayudando a otras naciones a sobrevivir, nos estamos ayudando a nosotros mismos y estamos contribuyendo a que eso no tenga que suceder aquí. ¿Por qué? Porque se crea una alta vibración de amor y solidaridad sin pedir nada a cambio. ¿Y cuál es la mayor protección? El amor: nada puede con él.

Conocí en Vietnam a un cura a cargo de una leprosería que albergaba a mil enfermos. Ese hombre jamás ha contraído la lepra porque trabajaba desde el amor. ¿Cuántos años vivió la Madre Teresa de Calcuta haciendo lo que hacía? Y siempre al pie del cañón, con todas las consecuencias. Nuestra salud y protección, nuestra suerte, no dependen de nadie más que de nosotros.

¿Queremos una vida justa? Entreguémonos a los demás, seamos un ejemplo. Si podemos, cualquiera puede. Debemos desear ser un ejemplo para inspirar a muchos. Trabajar con el karma colectivo. Es el momento de limpiar nuestro karma para crecer y salir de la autodestrucción. Está dentro del programa colectivo y tenemos la oportunidad de conseguirlo. Es una de las posibilidades, pero también hay otras posibilidades. Recuerda, siempre nos movemos en la dualidad.

¿Cuál es el día más peligroso de nuestra vida? El de nuestro cumpleaños. ¿Cuántos abuelos mueren o sufren un accidente el día de su cumpleaños? En los últimos días de ese ciclo kármico de un año nos puede sobrevenir todo lo que no hayamos terminado de rectificar o ajustar.

En Oriente nadie dice que es su cumpleaños. Lo celebran cuando lo han superado. Cuando ya han transcurrido unos días, dicen: «Te invito a comer». ¿Por qué? Porque ya han sobrevivido a su cumpleaños.

Hay ciclos de un año y otros de doce años de duración: doce, veinticuatro, treinta y seis, cuarenta y ocho... ¿Cuántos llegan a la crisis a los cuarenta y ocho años o a los sesenta? Dicen que cuando hemos cumplido los sesenta, nuestro trabajo ya ha terminado y nuestra vida pertenece a Dios. Todo el tiempo que nos sobre a partir de esa edad es un regalo: el trabajo duro empieza cuando nacemos y termina a los sesenta años.

Al final de cada ciclo de doce, se producen grandes cambios. Cuando nos acercamos al final de ese ciclo, nos encontramos con muchas trabas y obstáculos. Hay que intentar llevarlo lo mejor posible. Una vez superado el ciclo, ya empiezas otra vez a subir.

CARIDAD

Cuando se hace caridad, tiene que ser caridad consciente. Si una persona nos da un céntimo para algo, ese dinero lleva la vibración y la conciencia de esa causa. Y no podemos dedicarlo a algo diferente. Si nos da diez euros para una causa y nos quedamos un céntimo para nosotros, eso es karma, y nos puede acarrear un problema de salud importante —un cáncer, por ejemplo— o un accidente grave.

Si en la calle vemos a un chico pidiendo limosna, le damos dinero y con él compra droga y mata a alguien bajo sus efectos, es nuestra responsabilidad. Debemos saber cómo hacer caridad, y hacer una caridad consciente. Si esa persona tiene hambre, le damos un bocadillo. Somos responsables de lo que hacemos, pero el karma, el gran karma, es de ellos.

Si el dinero que damos se dirige al terrorismo, seremos responsables de los actos que se produzcan en su nombre. Las ONG con las que colaboramos deben ser conscientes. Céntimo que damos, céntimo que se entrega a la causa. Estas ONG se autofinancian a través de rifas o fiestas para pagar los gastos de gestión y administración. Quienes colaboran con ellas se pagan sus propios viajes. De esta forma, los diez euros de caridad van directamente a la causa.

Cuando trabajamos de forma solidaria, tenemos que saber cómo, con quién y cuándo, además de asegurarnos de que si ponemos la intención de que el dinero que entregamos vaya a algún lugar, su destino sea realmente ese. En algunas ONG, entre un treinta y un cincuenta por ciento se pierde en salarios.

Si encontramos dificultades al hacer una donación, tenemos que flexibilizar y desviar esa energía. Cuando hay trabas, nos están indicando que ese no es el camino correcto. Escuchemos, observemos. La ley del mínimo esfuerzo es una de las leyes universales. Debemos fluir con ella. Por aquí no, no nos dejan, pues iremos por otro lado, y de ese modo todo será mucho más fluido y natural.

Si trabajamos a nivel espiritual, elevamos la frecuencia, permanecemos en una alta vibración y controlamos nuestro carácter, podemos donar un órgano, ya que nuestros tejidos también se hallan en una vibración alta. Cuando nos trasplantan un órgano, adoptamos parte del carácter del donante, incluidas sus actitudes y cualidades negativas. Si no controlamos nuestro carácter y donamos nuestros órganos, la persona que los reciba tendrá nuestro carácter con todas las consecuencias. Eso no es buen karma para nosotros. Si queremos ser donantes, más vale trabajar en una vibración alta y que nuestro regalo sea un regalo de verdad. Lo mismo ocurre con quien recibe una transfusión de sangre.

Podemos conocer toda la información necesaria, ya que se encuentra en nuestro disco duro. Pasamos la vida buscando fuera, examinando, leyendo, estudiando, en pos de oportunidades, gastando mucho dinero para crecer. Pero si nos sentamos con tranquilidad, detenemos nuestra mente y nos tomamos un descanso diario para reflexionar sobre la jornada que hemos tenido, todo fluye.

Y así accedemos a nuestro disco duro, a nuestra supermemoria, y empezamos a recibir un flujo de transmisión de datos. Ahí se encuentra toda la información sobre nuestras vidas.

Hay un truco que nos permite acceder a la información de vidas pasadas. Cuando nos acostemos por la noche, antes de dormir, programemos nuestra mente: «Esta noche busco información sobre por qué tengo una relación tan mala con fulanito». Nos mandamos a viajar por nuestro disco duro, la supermemoria, el canal, para buscar esa información. Navegamos como si se tratase de Internet, pero nos programamos para buscar y ordenamos recordar la información al despertar.

Procuraremos tener en la mesita de noche una libreta y un bolígrafo. Y aunque sea con los ojos cerrados, hemos de escribir lo último que recordemos, siempre antes de poner los pies en el suelo. De esa manera, se hace la transmisión de datos desde el disco duro hasta la mente de la tercera dimensión.

Si solo recordamos un detalle, lo apuntamos. Luego tiramos del hilo hasta que podamos llenar páginas de información. Tal vez al principio parezca que no tiene coherencia alguna, pero esa es la manera de unir todas las piezas del puzle programático, que encajarán poco a poco.

Es apasionante, porque empezamos a volvernos clarividentes. Podemos tener sueños premonitorios. Si vemos que vamos a tener un accidente, lo cambiamos en el programa, salimos del modo miedo. Admitimos que está en nuestro karma, en el programa. Pero ¿cómo podemos transformarlo? Mediante la caridad, siendo solidarios. De ese modo, en lugar de sufrir un accidente de coche, logramos que sea un pequeño accidente en patinete. Si se encuentra en nuestro programa, sucederá, pero será menos grave. Así ha de ser.

3

EL SER MULTIDIMENSIONAL

¿Cómo ser humanos conscientes? Antes de poder responder esa pregunta, hay que saber qué es ser humano. Ser humano no es fácil. Sobre todo cuando contemplamos de dónde venimos. Entramos aquí desde las más elevadas esferas, de altas dimensiones, y nos introducimos en un cuerpecito muy pequeño. No debe de ser muy fácil llegar a este mundo y meterse en un cuerpo de bebé. ¿Y qué hace un bebé todo el día, aparte de llorar, de hacer sus necesidades, de comer del pecho de su madre, si tiene suerte? ¡Dormir! Necesita dormir, porque emplea ese tiempo para poder adaptarse a su nuevo cuerpo físico.

Cuando un ser viene a este mundo, lo hace con la decisión consciente de encarnarse en un cuerpo físico. Se trata de un ser divino, multidimensional, que toma un cuerpo en la tercera dimensión, lo que significa que se puede medir, pesar, tocar, que es real en esa dimensión. El ser que viene a este mundo elige a la madre y durante el embarazo entra y sale, va y viene, para ir reconociendo su cuerpo físico a medida que crece. Únicamente está dentro del útero de su madre a ratos, precisamente cuando ella nota que el bebé se mueve y da sus primeras pataditas.

El ser que va a nacer en este mundo pasa la mayor parte del tiempo, sobre todo durante los primeros meses, fuera del cuerpo de su madre. En el momento del parto, el alma, el espíritu, se incorpora al cuerpo físico, y en ese instante se convierte en un ser completo que vive en nuestra dimensión.

¿Qué ocurre cuando dormimos? Estamos formados por un cuerpo físico y por un cuerpo mental. A la parte interna del cuerpo mental se la puede denominar parte espiritual. Ese cuerpo mental acoplado al cuerpo físico presenta un aspecto multidimensional, lo que significa que una persona es completa incorporando todas las dimensiones en una.

En el plano terrestre estamos dentro de un cuerpo físico y necesitamos salir de él para permitir que descanse y también para volar. El cuerpo mental tiene, asimismo, una especie de memoria que podemos llamar «la supermemoria» y que incluye los recuerdos de todo nuestro viaje desde que elegimos estar como seres vivos en esta existencia. La supermemoria se podría entender como el disco duro del ordenador: ahí está todo. En nuestra cabeza tenemos la mente, la memoria de la mente concreta, que acompaña al cuerpo físico, que recuerda y acumula *software*, datos de esta vida, que piensa y que lo sabe todo.

Cuando decimos: «Yo soy», ¿dónde señalamos? ¿Aquí, a la cabeza? ¡No! ¡Señalamos aquí, al pecho, al corazón, claro!

Esta es nuestra supermemoria. Es aquí donde se encuentra todo. Por tanto, si queremos acceder a ese disco duro, a esa información multidimensional, tenemos que saber transmitir datos, información, desde el «Yo soy», desde la supermemoria, a la mente concreta.

Si deseamos saber quiénes somos, de dónde venimos y adónde vamos, hay dos maneras de poder hacerlo. La primera ya te la expliqué: cuando vayamos a acostarnos por la noche, dejemos a nuestro lado una libreta y un bolígrafo, y cuando despertemos por la mañana, antes de pisar el suelo, anotemos lo último que recordemos.

Todos esos fragmentos de información son como piezas de un puzle, que empezarán, poco a poco, a encajar, dándonos las claves para saber cuál es nuestro propósito de vida. Comenzaremos a conocer nuestro programa. Ahora bien, si hemos dado un paso más y queremos llevar a cabo un trabajo consciente, podemos hacer lo mismo a través de la meditación. Esta es la segunda forma.

En este punto, vuelvo a preguntarte: ¿qué ocurre cuando dormimos? Por ejemplo, en ese momento en que estamos sentados, escuchando una charla y de repente se nos cierran los ojos y damos una cabezada. Ese tiempo, que tal vez dure un segundo, nos puede parecer una eternidad. ¿Por qué?

Cuando dormimos o cuando meditamos, el cuerpo mental abandona el cuerpo físico y viaja. Viaja en varias dimensiones, fuera del tiempo y el espacio. Por lo tanto, podemos preguntar: «¿De dónde vengo?». Queremos ir a casa, queremos conocer otros mundos. ¡Y además es gratis! No es necesario pagar una entrada de cine, ni subir en una nave espacial. Cuando viajamos conscientemente, podemos recoger información.

Hay personas que incluso sueñan que han estado en un sitio fantástico, lleno de flores, y cuando se despiertan, pueden oler su fragancia en las manos. O que aseguran que han estado en una playa con piedras azules y cuando despiertan, al lado de la cama, en la mesita de noche, hay una piedra azul. Esas sí que son grandes experiencias.

Otras tienen una enorme suerte, pues dicen: «Voy a meditar», y alcanzan ese estado enseguida. Se han ido por completo. A veces, en las clases que enseño con meditación, siempre hay alguien que empieza a meditar y termina dormido. En segundos, con una facilidad increíble. Mi hija me dice: «Mami, vamos a meditar», y desde muy pequeñita, a la de tres, ya está dormida.

Cuando cerramos los ojos, en meditación y cuando dormimos, sale de nosotros el cuerpo mental, mientras el físico descansa, se recupera, y por la mañana despertamos como nuevos. Y ¿qué ocurre si viene alguien y nos despierta bruscamente? No encajamos bien en el cuerpo físico, nos quedamos medio dentro, medio fuera. Nos encontramos mal durante un tiempo hasta que finalmente el cuerpo mental o etérico y el cuerpo físico se acoplan.

Esto os habrá sucedido en alguna ocasión, intentar despertaros y no ser capaces de hacerlo. Podemos llegar a sentir una gran angustia y notar que el cuerpo físico se halla completamente paralizado. ¿Cuál es el motivo? Alguien, alguna frecuencia, una baja vibración que merodea por ahí, está bloqueando nuestra puerta de acceso. También les ocurre a personas que intentan hacer viajes astrales. Debo advertirte que se trata de un tema muy delicado, y a menos que tengamos cierta experiencia o que alguien nos guíe, es preferible no hacerlo. Si es algo espontáneo, sería una especie de trato predeterminado con nuestro ser.

Recuerdo un alumno que me contó su experiencia: estaba muy tranquilo, muy relajado y, de forma espontánea, acabó en la casa de su familia en Sevilla y podía ver lo que allí ocurría. Cuando volvió a su cuerpo, llamó a su casa y dijo:

—Mamá, ese collar que te has puesto es muy bonito. Ah, y por cierto, tiene una parte un poco sucia por detrás.

A lo que la madre contestó:

—Pero, hijo, ¿cómo lo sabes? ¿Cómo sabes esas cosas?

Muy animado por sus nuevas experiencias, empezó a hacer esos viajes espontáneos, pero ¿qué sucedió? Un día lo intentó con conciencia, y se estampó contra la pared. Por ambición. Si es espontáneo, no habrá ningún problema, pero si dices: «Voy a ver a mi madre y le voy a dar un susto», no es aconsejable. Es un tema muy delicado y hay que entender al ser humano como un ser completo.

Hoy en día oigo a mucha gente decir: «Yo canalizo a Saint Germain, «Yo canalizo a la Virgen María», «Yo canalizo a los ángeles y los guías»... Me gusta decir que no hace falta canalizar a nadie, pues ya están todos encarnados aquí en estos momentos. Mira a tu vecino: ¿quién es? Igual tienes sentada a tu lado a la Virgen María o a San Miguel.

¿Qué se entiende por canalizar? Significa pasar por un canal, como si fuera una emisora de radio, viajar por múltiples dimensiones, por diferentes frecuencias, como en una radio. El secreto reside en canalizarnos a nosotros mismos. Esta es una idea del nuevo paradigma.

Somos seres multidimensionales; por lo tanto, somos muchos aspectos en uno y podemos integrar en esta dimensión algunos de ellos. Según la vibración que llegue-mos a alcanzar, podemos ser canal para poder transmitir lo que venimos a trabajar. No es necesario canalizar a los de-más, sino a uno mismo. Eso significa cambiar el paradigma, ser quienes somos para llevar a cabo nuestro trabajo, hacer lo que hemos venido a hacer, aquí y ahora. Dejemos de buscar ahí fuera, conectémonos con nosotros mismos, con la su-permemoria, navegando por nuestro propio canal y vibran-do alto para bajar esos elevados aspectos que albergamos en nuestro interior.

¿Cómo podemos lograr esa conexión con nosotros mismos? ¡Muy fácil! Únicamente hay que quitar el polvo de nuestras antenas. Tan solo el cuerpo físico está acoplado a su cuerpo mental, a la mente concreta, la supermemoria y un campo magnético.

El campo magnético

Como expliqué en un capítulo anterior, el campo mag-nético es el aura. Se forma con los chakras que pertenecen a la cuarta dimensión y que se acoplan a nuestro cuerpo físico. Los chakras son como agujeros negros. Son transformado-res, giran a una velocidad y a una frecuencia. Esa frecuencia tiene un color que brilla fuera del cuerpo físico. Cuando una persona está sana y relajada, expande su campo magnético a su alrededor, a una distancia de doce metros.

Imaginemos que estamos sentados en una estancia en silencio. No oímos nada, pero, de repente, sentimos una presencia y nos giramos. Alguien acaba de entrar en la habitación. ¿Os ha ocurrido alguna vez? Cuando le ponemos emoción, intención, ganas, podemos lograr que nuestro campo magnético cruce todo el planeta. Quizás lo hayáis hecho en alguna ocasión al pensar en alguien: «Voy a llamar a mi amigo George a Australia». Tomamos el teléfono y ya está al otro lado. Ya está ahí. Esto ocurre porque nuestro campo magnético ha alcanzado el de la otra persona, por vibración, transmisión de frecuencia. El pensamiento es frecuencia y llega hasta los demás.

Cuando pensamos en alguien, hay que estar alerta, porque dicen que donde va el pensamiento, ahí estamos nosotros, ahí está nuestra energía. Por lo tanto, pensemos con intención, y más vale que siempre sea positivo. Si pensamos con maldad hacia otra persona, nos hacemos daño a nosotros mismos porque ese pensamiento rebota de un campo magnético a otro. Amemos a los demás como nos amamos a nosotros mismos. Porque siempre recibiremos lo que damos. Somos como burbujas que van chocando unas con otras con sus campos magnéticos.

Dentro del campo magnético se halla nuestra información energética. Si controlamos nuestro sistema nervioso, nuestro campo magnético será brillante y sólido, compacto. Si estamos deprimidos, enfadados, con un sistema nervioso descontrolado, nuestro campo magnético será disperso, como un globo cuando se hincha muchas veces y pierde elasticidad.

Cuando el campo magnético permanece centrado, la mente está concentrada, brillamos y nada puede penetrarlo. Por lo tanto, lo que haya en el entorno que no esté en sintonía con nosotros, rebota. Nadie nos puede hacer daño. Según sean nuestras meditaciones, la calidad de nuestros pensamientos y emociones, de nuestra vida interior, así se verán afectados nuestros campos energéticos.

Si nuestra dieta está basada en dulces, alcohol y cereales refinados, nuestro campo magnético se dispersa y nos deprimimos. En cambio, si utilizamos, por ejemplo, arroz integral, nuestro campo magnético se concentra. El universo se basa en el yin y el yang, en los polos positivo, negativo y neutro.

Si tendemos a la depresión, tenemos un exceso de polo negativo. Si somos personas felices, con un campo magnético concentrado, estamos centrados, poseemos el control de nuestro sistema nervioso. Estamos protegidos.

Si queremos aprender a conocernos, debemos controlar nuestro sistema nervioso para poder controlar nuestra mente y así tenerla en paz. Alcanzaremos de este modo paz de espíritu y la capacidad de poder olvidarnos de nosotros mismos. Solo cuando nos olvidamos de nosotros mismos, creamos un vacío y podemos salir con facilidad de nuestro cuerpo, expandirnos y trabajar en diferentes dimensiones.

El mayor problema cuando queremos buscar o controlar algo es que la mente tiene siempre la capacidad de entrometerse y entorpecer nuestros procesos. Por ejemplo, somos conscientes de que tenemos ojos pero no nos pasamos el día diciendo: «Tengo ojos; veo». Cuando empezamos a ver lucecitas y manchas, nos damos cuenta de que tenemos ojos, y estos se entrometen entre lo que vemos y lo que queremos ver.

Cuando deseamos alcanzar algo a nivel multidimensional, la mente concreta siempre se mete por medio. Tenemos que, como se dice en inglés, *to be out of our mind*, estar fuera de nuestra mente, que también puede significar estar un poco loco o simplemente ver las cosas de forma diferente.

COCREAR

¿Cómo ser humanos plenamente conscientes? ¿Qué sucede cuando dormimos y soñamos? ¿Podemos cocrear y moldear nuestra vida? Sí. Para lograrlo, primero tenemos que entender qué es la vida. Antes de nacer, antes de venir aquí, proyectamos un programa para la vida basado sobre todo en nuestras existencias anteriores. Planeamos una especie de ajuste de cuentas: volver para arreglar aquello que no hicimos bien en otras vidas. Ese es el programa que hay en nuestro disco duro, en la supermemoria.

Si queremos cocrear y moldear la vida, tenemos que acceder al disco duro, a la información de por qué hemos venido aquí. ¿Cómo lo haremos? Meditando con conciencia, o al menos intentándolo, ya que eso es empezar a practicar la conciencia y la paciencia.

¿Cómo podemos evolucionar conscientemente a nivel personal y a nivel colectivo? Antes que nada, debemos comenzar con nosotros mismos. Esa evolución se produce desde la comprensión, la cual pasa por aceptar que vivimos en un sueño a la vez que en una realidad. La vida es real porque estamos viviendo una experiencia física aquí y ahora como un fractal en tres dimensiones, aunque seamos personas completas en múltiples dimensiones. Pero eso también es un sueño. ¿Por qué? Porque estamos dormidos.

Necesitamos reconocer qué hacemos aquí, salir de esa burbuja, ese velo ilusorio de que somos impotentes y diminutos, de que no somos nada. Somos seres divinos, cocreadores de nuestra realidad.

4

EL AMOR

El ser humano es puro amor, pero se ha olvidado de su verdadera esencia. Somos amor, nada más. Sin embargo, hemos llegado a un punto en el que nos hemos vuelto necios, ya que buscamos constantemente fuera lo que siempre hemos tenido dentro, en nuestro interior.

Es como la historia del dueño de camellos que estaba atravesando el desierto y debía acampar para pasar la noche. Llevaba veinte camellos y una tropa de esclavos. Cuando se iban a dormir, uno de los esclavos se dirigió a él y dijo:

—Tenemos un problema. Hay veinte camellos y solo diecinueve palos para atarlos ¿Qué hacemos?

—Mira, el camello es un animal un tanto torpe. Solo tienes que ponerte delante de él y hacer como si estuvieras clavando el palo en la arena y la cuerda al palo, y ya verás como no se moverá —respondió el amo.

Y así fue: el camello se quedó ahí quieto toda la noche, como el resto. Por la mañana, el esclavo le dijo:

—Amo, tenemos un grave problema: el camello no se quiere mover.

Y el amo respondió:

—Claro, te has olvidado de desatarlo.

Pues bien, el ser humano es así; para poder sentir necesita despertarse, quitarse el velo ilusorio de los ojos, eliminar todos los obstáculos que le impiden ver y retirar todas las falsas ilusiones que le cubren el corazón.

Por tanto, ¿qué es el amor? El amor es una sinfonía, la sinfonía de la vida. En una sinfonía se necesita una orquesta, y cada instrumento tiene la misma importancia que todos los demás: si falla uno, también lo hace la sinfonía completa. Pero no podemos fijar nuestra atención solamente en un instrumento. Debemos saber escuchar toda la sinfonía, todos los instrumentos tocando a la vez.

Cuando nos obsesionamos con un solo instrumento, no podemos ver todos los demás que están colaborando en esa misma sinfonía. Eso mismo ocurre en el amor: nos bloqueamos porque nos olvidamos de escuchar toda la sinfonía.

Nos fijamos, nos obsesionamos y nos quedamos bloqueados con la idea de lo que es el amor, con la idea de lo que nos han vendido sobre el amor, ese amor distorsionado, ese amor sentimentalista.

Para entender qué es el amor, hemos de comprender primero lo que no es. Hay personas que pasan toda su existencia buscando el amor de su vida, su media naranja, alguien con quien pasar el resto de su vida. Sin embargo, ¿por qué buscar un complemento cuando uno es completo ya?

¿Cuántos creen haber encontrado el amor de su vida? ¿Cuántos están actualmente conviviendo con el amor de su vida? ¿Y los que no? La mayoría.

EL AMOR EN LA PAREJA

En Oriente, cuando una pareja se casa, les dicen: «Que disfrutéis de una vida larga, hasta que se os caigan todos los dientes». El mensaje es profundo y tiene muchas connotaciones que merecería la pena analizar.

Los hay que afirman: «Quiero ser feliz, pero no me dejan; quiero amar, pero no me dejan». ¿Cuáles son los grandes fallos en el amor de pareja?

El amor no es atracción. A menudo tendemos a confundir el amor con la atracción, ese deseo animal que nace del bajo vientre. Pero no es lo mismo. Cuando se nos pasa el impulso inicial de la atracción, cuando esa persona ya no nos resulta tan atractiva, perdemos el interés. Si eso ocurre, es simplemente porque ya no cumple determinados requisitos, y por lo tanto ya no la amamos. Eso no es amor.

El amor no es un contrato que pueda expresarse en los siguientes términos: «Si te portas bien conmigo, te amaré; si me compras joyas, te amaré; si haces la cena todas las noches, te amaré». Es simplemente buscar la manera de amar a la otra persona de forma incondicional. ¿Qué significa eso? ¿Qué es el amor incondicional? Es decirle a nuestra pareja: «Si otra persona te puede hacer más feliz que yo, me sentiré dichoso por tu felicidad». El amor desde la libertad tiene que sentirse en el corazón.

Si amamos tanto a una persona, debemos entender esto. Hay quien asegura: «No puedo vivir sin ti, eres el amor de mi vida, sin ti me muero». Eso significa que el amor es hambre.

Los apegos, los deseos de amar a una persona, significan meter a esa persona en nuestro bolsillo, hacer que dependa de nosotros, que quiera estar a nuestro lado siempre. Eso no es un amor verdadero.

¿Qué es el amor verdadero? Desde la libertad, desde el respeto, tú sigues tu camino y yo sigo el mío. Desde la libertad, debemos aprender a respetar sus deseos, sus preferencias. Amar incluso sus pies, que huelen mal; amar incluso lo más feo de su cuerpo. Compartirlo todo, desde la libertad, desde el corazón, sin miedo.

Cuando estamos enamorados, creamos en el corazón la sensación de que es para siempre. Pero si pensamos que el objeto de nuestro amor es una posesión, automáticamente creamos miedo, miedo a perder a esa persona. Eso es lo opuesto al amor.

Imaginemos que acabamos de encontrar al amor de nuestra vida y empezamos una relación con él. Nos quita el aliento, lo miramos y no podemos hacer más que sonreír. Nos sentimos turbados, enamorados, ilusionados. En ese momento, ¿pensamos que se nos va a marchar? En ese momento todo nos da absolutamente igual. Vivimos el «chute» del amor plenamente en ese instante, no hay nada más. Incluso nos olvidamos de la hipoteca, de la compra, de que existe todo un mundo a nuestro alrededor, de todo, porque estamos completamente cegados de amor.

Todos hemos vivido esa experiencia del primer amor, ese amor que marca, que se queda ahí, en el corazón, en el recuerdo. Hoy en día es más del estilo «aquí te pillo, aquí te mato», y además cada vez más jóvenes.

Recuerdo mi primer novio. En aquel entonces, estar en su presencia hacía vibrar todos los poros de mi piel. Era algo muy especial. Un pequeño gesto, su dedo meñique rozando el mío, y revivía esa sensación a cada momento. Me quedaba noches enteras sin poder dormir, solo pensando en ese instante, en esa sensación, en lo que se experimenta en todo el cuerpo con un simple roce.

A veces, buscamos sentir, buscamos emociones fuertes. Nos ilusionamos cuando conocemos a alguien y dejamos de ver a esa persona como es. Creamos una fantasía en la cabeza, una burbuja ilusoria sobre cómo podría ser esa relación. Eso forma parte del enamoramiento. Lo peligroso es cuando nos enamoramos de una persona bruscamente. En Oriente dicen: «El amor relámpago es un rayo que cae y que te alcanza de lleno». Ese es un amor peligroso, y te indica que en vidas pasadas te encontraste con esa persona y hubo una ruptura muy violenta, quizás por agresión u otro problema grave.

Cuando sentimos un flechazo por una persona, hay un reconocimiento mutuo, algo que saldar de alguna vida pasada. Al principio, toda la expresión del amor es como una explosión efusiva, un relámpago que nos nubla la vista, nos ciega y no nos deja ver a esa persona como es ni nos permite entender lo que podría significar ese reencuentro. Tenemos que aprender a no ser tan impulsivos y dedicar el tiempo necesario para conocer a las personas.

Sobre lo que es el amor y lo que no es el amor, podemos experimentar todas las expresiones de la dualidad, vivir la experiencia de la ilusión y de la desilusión.

Cuando no nos damos tiempo para conocer a la persona de verdad, nos ilusionamos, ideamos todo tipo de fantasías en nuestra cabeza y nos creamos muchas expectativas en torno a ella. Sin embargo, cuando esa persona no cumple las expectativas que hemos depositado en ella, ¿qué hacemos? Empezamos a pensar que no nos interesa, que nos hemos equivocado, y nos desilusionamos.

Vamos creando karma, hasta que finalmente aprendemos la lección. ¿Cómo podemos aprender a saber qué es lo que queremos? ¿Con quién deseamos estar y en qué condiciones? Debemos empezar a escuchar y darnos tiempo. Para conocer a alguien de verdad, necesitas un mínimo de seis meses.

Los seis meses

Al principio de una relación, la persona que acabamos de conocer se va a vender muy bien en todos los sentidos. Vamos a conocer lo mejor, lo más maravilloso que nos pueda ofrecer. Si somos mujeres, nos sacará de paseo, nos llevará a cenar e incluso pagará la cena. Si nos invita y nos pide que paguemos a medias, nos desilusionaremos muy rápidamente. Quedaremos para ir al cine —la primera excusa para tomarnos de la mano— y luego las citas se irán haciendo cada vez más frecuentes. Nos vamos ilusionando.

Pasa un mes, y durante ese tiempo normalmente —sobre todo hoy en día— ya ha existido un contacto íntimo. Y después, ¿qué ocurre? Ya no hay más contacto, es como si la llama se apagara.

Si queremos encontrar una pareja que nos dure para siempre, debemos pasar esos primeros seis meses sin contacto íntimo, de forma desapegada. Tenemos que saber si se trata de la persona con quien deseamos pasar el resto de nuestra vida, y para ello necesitamos tiempo. Esperemos seis meses. Si frunce el ceño y sale corriendo, eso significa que no era el amor de nuestra vida.

Hoy en día, a los jóvenes les resulta muy difícil actuar de esta manera. Se han educado en unos valores totalmente opuestos.

Si el hombre dice: «Me interesas como persona, voy a tomarme mi tiempo y a respetar el tuyo», debes ir con cuidado porque hay muchas tentaciones. Y pasará otro mes y lo volverá a intentar. Es su naturaleza: las hormonas en plena efervescencia. Normalmente no llegará al tercer mes. Así llevo casi diez años, sin pareja. La gente no me cree, piensa que es una broma. Pero es cierto. Llevo casi diez años sin pareja. Para mí es todo un triunfo, porque cuando te respetas y te cultivas como persona, cuando creas un templo en tu cuerpo, cuando elevas tu conciencia y tu vibración, el sexo ya no es sexo.

Cuando hemos gozado del más íntimo nivel de amor y vibrado y sintonizado con todo el universo en el acto del amor verdadero, el sexo es algo barato. Ya no nos sirve. Ese encuentro de una noche ya no nos llena. Valoramos el amor y lo sentimos como algo divino. He tenido la pareja más maravillosa, la expresión del amor divino, verdadero e incondicional, y no estoy dispuesta a bajar el listón.

Eso no significa arrogancia, sino respeto. La persona que sientes que va a estar a tu lado será aquella que aguante esos seis meses, la que sepa que somos la manzana que está arriba, en la copa del árbol, y desea alcanzarla para disfrutar de ella el resto de su vida. Las otras manzanas, las de abajo, son muy numerosas y de fácil acceso, pero no le satisfarán tanto.

Imaginemos que alguien va en busca de una manzana, toma una y dice: «Bueno, no está mal», pero como hay muchas, va probando varias: «¿Esta? Pues si no me gusta, la tiro». Después se da cuenta: «Hay una estupenda allí arriba, en la copa del árbol». Pero al intentar alcanzarla se araña un brazo, una rama le rasga la ropa o puede incluso caerse. Corre muchos riesgos. Es entonces cuando acaba por conformarse con las manzanas que puede alcanzar fácilmente.

Hay que saber valorarse y respetarse como los seres divinos que somos. Si vibramos con la manzana de fácil alcance, atraeremos a una pareja para la que seremos uno más. Es cuestión de evaluar qué es el amor para nosotros. Yo misma he probado a ser manzana de fácil alcance, y me sentía vacía. He tenido parejas de joven, y bastantes; como dice mi hija: «Mi madre tiene muchos novios porque no le gusta ninguno». He experimentado ese aspecto del amor, he ido avanzando, porque en esta vida esa es mi lección: saber elegir ese hombre con quien deseo pasar el resto de mi vida. La prueba de momento ha durado diez años, pero tengo mucha esperanza, y cuando llegue, estoy convencida de que será un amor puro y verdadero.

En estos años he aprendido mucho sobre el gozo de la soledad, sobre saber estar conmigo misma, sin la necesidad de tener a una persona a mi lado, sin sentirme incompleta por no tener una pareja.

Aprendí a estar sola y al mismo tiempo a darme cuenta de que nunca estaba sola, porque cuando eliminas todos esos factores ilusorios sobre lo que es el amor, aprendes a saber qué es el amor realmente.

A veces tenemos que prescindir de algo para aprender a valorarlo. ¿Cómo podemos disfrutar del chocolate si lo comemos todos los días? Si te propones: «Voy a estar diez años sin probar el chocolate», cuando acaba ese plazo te metes en la boca un trocito y lo saboreas. ¿A qué sabe? A gloria bendita.

¿Podríamos superar la prueba de los seis meses?

En alguna ocasión encontré a alguno muy dispuesto, muy cariñoso, muy entregado, pero resulta que tenía un pequeño problema: era impotente. «No me va a descubrir en seis meses», pensaría. Imaginaos su alegría: «¡Qué bien! Tengo novia para seis meses!». Normalmente no duran ni una semana. Lo que no saben es que con la terapia zen, con solo dos tratamientos se resuelve el problema de la impotencia.

EL AMOR INCONDICIONAL

Cuando hablamos del amor, automáticamente pensamos en el amor de pareja. Nos han enseñado, nos han vendido la historia de ese amor. Si hablamos de un amor incondicional, ¿cuál es el mejor ejemplo? Nuestras madres.

Nuestra madre nos trae al mundo incondicionalmente. Se entrega en cuerpo y alma a nosotros, estemos o no berreando. Con un poco de suerte, nuestro padre nos hará un mimito, una caricia, una carantoña de vez en cuando.

Cuando la madre se entrega, no hay nada más en su mente y en su corazón que la persona que acaba de traer al mundo. Solo su bebé recién nacido. Ese ser va creciendo y su dedicación sigue intacta. Incluso cuando se hace mayor, la madre, mentalmente, nunca descansa. Siempre está pendiente de su hijo; con independencia de su comportamiento, incluso aunque sea un asesino, lo amará incondicionalmente, y eso es un regalo de Dios. Lo quiera o no, en ese momento, cuando lo tiene en sus brazos y siente ese amor infinito, recibe un gran regalo.

Un bebé, antes de encarnarse, elige a su madre, no a su padre. Es la mujer la que elige al hombre, pero por vibración, por amor, desde su lugar en la novena dimensión, ese bebé, ese ser, elige a la madre. Y tiene que pasar por su vientre. La pareja de la madre siempre tiene una relación especial con el bebé debido a la rueda kármica.

El padre en ese momento adopta el importantísimo papel de trabajar duro para alimentar a su familia y asegurar que tenga todas sus necesidades cubiertas.

La mujer tiene el divino amor, el poder de la creación, de crear a un hijo. El hombre pasa un rato, cinco minutos, con suerte, pone la semilla en un acto de amor y llega el bebé al mundo. Por lo tanto, la primera expresión de amor incondicional es el amor de madre.

¿Cuántos hijos varones luego crecen buscando a una esposa como su madre? Eso suele ocurrir porque recuerdan esa gran ternura. Al menos en mi país, salen de su casa directamente para formar una familia. En Irlanda se tienen muchos hijos, como mínimo cuatro o cinco, se llena la casa de vida. Aquí, en España, ¿cuál es la media? Uno y medio dicen, ¿no? Ya me contarán cómo se hace uno y medio.

En algunos países las familias viven en comunidad. Algo muy interesante de Oriente es que tienen en cuenta la vibración para comprobar la compatibilidad de las parejas, los hijos y otros miembros de la familia. En el momento en que nacemos, nuestra vibración se verá afectada por los astros, por el posicionamiento de las estrellas, las constelaciones y los planetas. Y eso afecta a nuestra vibración en lo físico, incluido nuestro carácter.

En Oriente miran el horóscopo chino completo. Es algo a lo que no tiene acceso todo el mundo, ya que lo publicado en los libros es solo la parte relacionada con el carácter. El carácter es moldeable. Cuando estamos enamorados o nos gusta nuestro trabajo, nuestro carácter se modifica. Pero nuestra vibración y nuestro físico no cambian nunca. En Oriente comprueban la compatibilidad de las vibraciones.

Alguna vez hemos escuchado que en Oriente se conciertan matrimonios. Los estipulan porque entienden de vibración. Es cierto que no contemplan los sentimientos, pero sí la vida en pareja organizada por la vibración. Tal vez lo ideal sería una mezcla de ambas cosas.

A veces ocurre que en una familia un hijo es incompatible con el resto debido a su diferente vibración. Por ejemplo, si los padres son agua y su hijo es fuego, aunque intenten no hacerlo, apagarán su fuego. Como consecuencia, ese hijo caerá enfermo. En los países orientales la familia vive junta por vibración. Encontraremos una casa con dos abuelas, un abuelo, un tío, un hermano, dos hijos, todos repartidos según su vibración para asegurar la buena salud y la armonía.

Si un hijo es incompatible, vivirá con otros miembros de la misma familia afines a su vibración. A través de mi maestro pude estudiar a fondo el tema de las compatibilidades tanto en parejas como en empresas o instituciones, para que no se produzcan conflictos y asegurar así la salud de sus miembros.

También hay amores que matan. Amamos tanto a esa persona que cuando llevamos dos horas con ella nos ponemos histéricos, enfermamos, nos sentimos decaídos, exhaustos. Cuando no está a nuestro lado, la echamos mucho de menos, pero cuando vuelve nos encontramos fatal. ¿Por qué ocurre esto? Si comprobamos nuestra compatibilidad, vemos que esa pareja es totalmente incompatible en cuanto a vibración y físico.

¿Qué sucede si se trata de una pareja ya establecida que no desea separarse? En ese caso deben procurar pasar el mínimo tiempo posible juntos: «Te amo tanto que prefiero estar separado para no ponerte enfermo». Hay incluso parejas bien consolidadas cuyos miembros han decidido no vivir juntos, sino cada uno en su propia casa, o que no comparten habitación.

Cuando uno empieza a cansarse del otro, se pueden hacer unas vacaciones por separado, pasar un fin de semana fuera o llevar a cabo actividades diferentes. No trabajar en la misma empresa, juntos, es un factor muy importante que se debe tener en cuenta.

Imaginemos que deseamos una pareja en nuestra vida con un nivel de conciencia similar, una persona atractiva, atenta, que nos llegue, que tenga costumbres o un estilo de vida parecidos a los nuestros y que además sea compatible con nosotros por vibración. Todo es perfecto, pero existen elementos conflictivos. Encontrar la perfecta armonía puede resultar difícil, porque si hemos escrito la carta a los Reyes Magos pidiendo la pareja ideal y exigimos que esté delgado, que se cuide, que no coma salchichas..., estamos limitando cada vez más las posibilidades de encontrar a esa persona. Al mismo tiempo, tenemos que vibrar en lo que deseamos atraer hacia nosotros.

Cuando era niña, leí una historia de un príncipe que buscaba el amor de su vida. Deseaba que tuviese un cuerpo escultural, una dulce voz, que fuese guapa, perfumada, inteligente, divertida y cariñosa. ¡Una mujer perfecta! Un día conoció a una chica guapísima que reunía casi todas esas cualidades. Pero al cabo del tiempo descubrió que era muy distraída y que las conversaciones entre ellos eran muy cortas. Se dio cuenta de que se había equivocado y había poco que hacer. «Parece hermosa, pero cuando pase el tiempo y engorde y envejezca, perderá su encanto», pensaba el príncipe. Y la dejó. Más adelante conoció a otra mujer inteligente y hermosa pero que olía fatal. Así siguió con su particular lista, pasando por todo tipo de mujeres y pensando: «¿Será esta?». Sin embargo, siempre había un «pero». Por fin, un día encontró a la mujer perfecta, a la mujer de sus sueños. Era un encanto, estaba enamoradísimo, ilusionado. Solo había un pequeño problema: él no era su hombre perfecto.

Saber amar es tener un corazón sensible, un corazón dispuesto a superar todas las barreras de lo físico, de las ilusiones que nos atrapan, que nos impiden ver realmente. Cuando nos enamoramos de una persona, no la vemos. Debemos aprender a verla tal como es.

Sentir a la persona desde el corazón es verla con los ojos del corazón. Puede ser de la alta sociedad, alguien bien vestido, con un buen coche, una gran casa, una exquisita vida llena de privilegios. Pero si vivimos, por ejemplo, en una situación de crisis como la que estamos atravesando en estos momentos, qué importa la casa, qué importa la ropa, qué importa el coche, te va a hacer flotar igualmente. En situaciones límite es cuando realmente descubrimos la esencia de lo que es el amor.

Es esa persona que nos mira a los ojos, nos toma de la mano y dice: «Aquí estoy para lo que quieras», ese ser que nos ha salvado, cuidado o puesto una chaqueta encima, sin que importe su nivel social.

Debemos observar lo que está sucediendo en el mundo, abrir nuestro corazón y estar dispuestos a ayudar a otros seres humanos. Si queremos crecer en amor, existen miles de experiencias que podemos vivir para poder abrir nuestro corazón.

Crecer en conciencia es expandir el corazón, olvidar la mente y a nosotros mismos, entregarnos, perdonar y aceptar a los demás tal y como son. Si además deseamos una pareja que nos acompañe en nuestra vida, es muy importante saber que, cuando la elegimos, esa persona pasa a formar parte de nuestra historia kármica.

Si decimos: «Voy a compartir mi vida contigo», asumimos su paquete kármico. Significa que vamos a evolucionar juntos, como una unidad, para crear una elevada vibración. Eso no quiere decir que uno tenga que asumir el camino del otro. Es tan solo compartir un espacio con una vibración de amor para crecer juntos. Cuando vivimos en pareja, cada uno tiene sus ciclos. Cuando estás arriba y tu compañero abajo, has de estar dispuesto a ayudarle, en lugar de decir: «Ahora estás abajo, pues ahí te dejo, porque me traes problemas, porque eres una carga para mí».

He observado en muchas ocasiones a parejas mayores en la calle que casi ni pueden caminar pero van agarradas de la mano. Sin dientes, con bastón. Pero se quieren, se dan un beso y se miran con cariño como diciendo: «Venga, unos pasitos más, ya casi llegamos».

Admiraba mucho a un señor de mi barrio cuya mujer tenía alzhéimer. Ella ya no recordaba quién era, pero él decía:

—Lo que me motiva a seguir es que es mi mujer, desde siempre. ¿Cómo la voy a dejar ahora porque no me reconozca? Yo la amo igualmente, y la amaré hasta el final de mis días.

Hace unos cuantos años, el marido de una antigua alumna zen murió de alzhéimer en una residencia. Cuando iba a verlo, conoció a un señor que iba a visitar a su esposa, que sufría la misma enfermedad. Durante años coincidieron en esas visitas, y tanto ellos como sus hijos acabaron haciendo una gran amistad. Casi a la vez, murieron sus respectivas parejas y cada uno siguió su camino, pero los hijos de ambos se confabularon para que pudieran retomar su amistad, hasta que finalmente se enamoraron. Esta señora, a los ochenta y pico años, decía en clase:

—Quién hubiese dicho, a mi edad, y con mis kilos, que pudiera volver a enamorarme, ilusionarme y disfrutar del amor de un hombre. Y fíjate, incluso intentamos hacer el amor. Con mucha paciencia, mucha dedicación, y somos tan, tan felices.

¡Qué ejemplo! Nos hizo llorar a todos de la emoción.

Recuerdo que mi maestro decía:

—Tú tranquila, Suzanne, que hay personas que se enamoran ya mayores.

Nunca pensemos que es demasiado tarde para enamorarnos, para encontrar el amor de nuestra vida.

Lo que vi brillar en los ojos de esa pareja me dio mucha esperanza de que todavía exista el amor verdadero. Ella decía:

—Mira, tenemos nuestros años, nuestras manías, nuestras cosas, pero bueno, todo es llevadero.

Podemos hacerlo, todavía podemos conseguirlo; debemos darle tiempo al tiempo, ser pacientes y valorar lo que tenemos para que el amor sea posible.

Si vibramos con ello y sabemos que es posible, lo será. Solo hemos de mantener el enfoque sobre esa posibilidad. Si decimos: «Ahora ya, con esta edad, es complicado», estamos cerrando la puerta, y es entonces cuando lo tenemos realmente difícil. Nunca debemos renunciar a esa esperanza, y si ya disfrutamos del amor, conservémoslo, alimentémoslo a diario.

Las mujeres somos muy fáciles de complacer. Siempre he pensado que si fuera hombre sabría cuidar de una mujer. Parecemos complicadas, pero lo único que ocurre es que somos hormonales. Dos o tres días antes de la menstruación, lo mejor es que nuestra pareja se marche lo más lejos posible, porque sacamos las garras y el carácter. Y durante esa semana, es preferible que digan: «Sí, señora. No, señora. Como usted quiera, señora». Y si se cansan, podrían irse a leer el periódico.

Son nuestras hormonas, pero, por otro lado, sabéis que hay un momento durante el mes en que somos divinas, en que nuestros ojos brillan. Hablo de la ovulación. Es como los animales en la naturaleza. El león busca a la leona que está a kilómetros. ¿La huele? ¿Cómo lo hace? Por vibración.

Cuando estamos en plena ovulación, somos amor puro, podemos dar lo que queramos, pero el resto de los días son diferentes. Esos días tienen que mimarnos, pero luego disponen de tres semanas para disfrutar de nosotras. Solo han de mirarnos a los ojos, que brillan durante esos días.

En Oriente, cuando una mujer tiene la menstruación, no la dejan cocinar, porque su vibración baja mucho, y se dedica a otras tareas, como por ejemplo lavar los platos. Como viven en comunidad, no hay problema. Durante las otras tres semanas, puede hacerlo todo con la misma alta vibración. Las hormonas afectan a nuestras propias vibraciones, así que ya disponemos de algunos datos para tener en cuenta, aunque no se trata de nada que no sepamos ya. Es pura psicología. La mujer es muy fácil de complacer. Es como un mantra: «La mujer es fácil de complacer».

Algún detalle de vez en cuando a veces resulta suficiente. Las mujeres tenemos una enorme capacidad de entrega, de servicio, de amor, todo al mismo tiempo, sin pedir nada a cambio. La mujer crece con pequeños detalles, como una simple nota con un «te quiero, amor» o «te he dejado la cocina limpia». ¿Y qué hacemos con esos detalles? Vamos y se los contamos a todas nuestras amigas. Eso es lo que nos mantiene vivas. Los pequeños detalles alimentan el amor del día a día. Siempre recordamos los primeros meses de la relación: «Hace años me hacías esto y lo otro». Y ahora ¿qué?

Cuando disfrutamos del amor, tenemos que gozar también de la frescura del presente, porque todos cambiamos, todos evolucionamos, nuestros deseos, nuestras preferencias se transforman al tiempo que vamos madurando en el amor. El amor que se vive al cabo de unos años no es el mismo que existía al principio de la relación.

Más allá del amor, empezamos a sentirnos sensibles hacia otros seres: hacia los animales, las plantas, la naturaleza, el ecosistema, los niños, el mundo en general. Tenemos que aprender a ser totalmente sinceros con nosotros mismos y con los demás para gozar de nuestra libertad, para poder expresar nuestras preferencias.

A menudo nos perdemos con lo que esperan o lo que opinan de nosotros con respecto a nuestras obligaciones, porque el amor de familia lo demanda. Hay personas que pierden su camino, su amor propio, el respeto a sí mismas porque piensan que tienen el deber moral de estar siempre bien con su familia. Se pierden en todo ese protocolo familiar de lo que es el amor.

RELACIONES KÁRMICAS

Cuando una relación de pareja es conflictiva, se trata de una relación kármica. Es muy frecuente que un hombre decida estar con una mujer que no le ama tanto como él a ella. Está dispuesto a pasar a un segundo o a un tercer plano porque la ama profundamente, con un amor incondicional, mientras que ella le trata muy mal e incluso le falta al respeto. Esta es una relación kármica, lo que significa que en una vida pasada asumieron el rol contrario, y el alma de él lo sabe, porque posiblemente era él quien la maltrataba a ella.

Por tanto, en esta vida asume ese sufrimiento del maltrato psicológico. Él está ahí incondicionalmente atendiéndola, sirviéndole y amándola. En cambio, ella tiene un esclavo a su servicio.

Un día vino a la consulta una pareja. Él estaba perdiendo la salud tanto física como mental. Le pregunté cuál era la causa del deterioro de su salud. El hombre me comentó que su hijo de treinta años estaba estudiando y no tenía dinero, y que él se veía obligado a ayudarle económicamente. Sin embargo, su hijo era un ser independiente, una persona que intentaba buscarse la vida, y su padre no tenía ninguna obligación de darle nada y perder la salud física y mental por él. Dar algo material no es dar amor.

Nos equivocamos cuando pensamos que dándoles a nuestros hijos todo lo que necesitan –y a veces lo que no necesitan– les estamos haciendo un favor. Nada más lejos de la realidad. Cuantas más comodidades, más se relajan, más dependen de nosotros y menos buscan su propio camino por sí mismos. Cuando nuestro hijo ya sea mayor de edad, animémosle a que se independice.

Cuando tenía poco más de veinte años, me marché de casa, me busqué la vida, me fui con mis amigas y con cuatro peniques nos divertíamos muchísimo, con libertad, con independencia. Trabajábamos en discotecas, en bares, en supermercados, donde pudiéramos ganar suficiente dinero para poder vivir y al mismo tiempo adquirir madurez.

¿Qué podríamos hacer en el caso de ese padre? El problema es que hay un hijo al que sofocamos con amor, le damos todas las facilidades y todas las comodidades, y debido a ello se vuelve demasiado dependiente.

En Oriente dicen: «El amor se da con un palo». No se trata de un palo físico, sino de disciplina: «Me importas, por eso soy exigente contigo». Solo disciplinamos, enseñamos, somos rectos y firmes con ellos porque nos importan. No los vamos a llevar siempre de la mano. ¿Quieren aprender? Pues bien, los ponemos en esa situación para que aprendan a buscarse la vida. Es una de las lecciones que me enseñó mi maestro; lloré muchas veces con sus palos, que eran ayudas para no crecer inmersos en el ego, golpes a la arrogancia y al orgullo. Es necesario dar ese toque con firmeza para ayudarnos a despertar.

¿Cuál es la persona más peligrosa para nosotros? Aquella que nos regala el oído, nos adula, nos dice palabras bonitas y nos deja encantados. Esa es la persona que nos puede dar una puñalada por la espalda. Si alguien nos quiere hacer daño, vendrá con una sonrisita. Es una trampa. En cambio, la persona a la que realmente le importamos nos dará un toque de firmeza, diciendo: «Ojo, por ahí no vayas».

Recuerdo a una abuela que venía a mi consulta muy enferma y muy cansada, y se quejaba:

—Mis dos nietos son lo más bonito del mundo. Los paseo todos los días y luego llego a casa reventada. No valgo para nada.

—Pero ¿por qué pasea tanto a sus nietos? –le pregunté. Y ella me contestó:

—Es que mi hija, pobrecita, tiene que trabajar, y si no trabaja, no tiene dinero y por eso yo le cuido los niños.

—Pero ¿adónde va con niños pequeños? ¡Está perdiendo la salud! ¡Que su hija pague a una canguro! –repliqué.

—¿Cómo le voy a hacer eso a mi hija, pobrecita? Con lo que yo la quiero... y mis nietos... —respondió.

—Ni hablar, váyase usted a su casa y dígale a su hija que se acabó el chollo. Que se va a hacer un viaje con el Imserso. Que quiere disfrutar de sus nietos los fines de semana, a ratitos. Y cuando estén sucios y tengan hambre, se los manda de vuelta. Y a veces, cuando le apetezca, irá a su casa a visitarlos, a achucharlos y a malcriarlos, porque ese es su cometido, pero se acabó hacer de canguro gratis.

Os podéis imaginar su cara.

—Pero ¿qué va a decir mi hija? Porque si yo le digo esto...

—Da igual que ponga cara de póquer. Usted se mantiene firme, porque con ello se hará un favor a sí misma —respondí.

Me hizo caso, se dio su libertad con amor. Su hija tuvo que buscar una canguro, y a partir de entonces empezó a valorar realmente lo que valía su madre y a respetarla, a cuidarla, mimarla y a pedirle las cosas de forma diferente: «Mamá, mira, nos gustaría ir al cine esta noche, si te va bien, y si no es así, se lo diré a la canguro». De ese modo, esta mujer tuvo alternativas y pudo elegir qué hacer con su vida. Y comenzó finalmente a disfrutar y hacer sus viajes, salir con sus amigas, ir al cine, pasear, sin ninguna carga. Su enfermedad desapareció y pudo disfrutar de sus nietos con salud.

Ese abuso es muy común. Espero que todos los abuelos que lean este libro tomen nota. Yo los admiro y sé perfectamente lo que cansan los niños pequeños. Los vemos ahí, con su artrosis, intentando levantar ese peso y corriendo detrás de sus nietos. Es muy difícil a esa edad gestionar la paciencia.

Cuánto nos inspiran, cuánta dedicación y cuánto amor incondicional.

Eso no ocurre en mi país. Todo núcleo familiar posee varios nietos por hijo y es casi imposible atenderlos a todos. Mi madre ya ha perdido la cuenta de todos los nietos que tiene. Ella, en su día, actuó correctamente. Se plantó y dijo:

—Los nietos están bien, pero de visita, y corta.

Cuando perdemos un bebé, también hay una historia kármica tras ese hecho. Ese bebé que ha venido a nosotros en ese momento ha elegido hacerlo con una especie de contrato o pacto para enseñarnos algo, porque en otra existencia seguramente abortamos. Ha entrado en nuestra vida durante un período corto de tiempo; estaba dentro de su programa que ocurriese.

El sufrimiento de querer tener hijos y no poder es una historia kármica de otras vidas —esos millones de vidas que nos han hecho ser quienes somos aquí y ahora—, en las que es posible que hayamos agotado todas las posibilidades de experimentar dentro de la dualidad. Estamos saldando cuentas de vidas pasadas. Sin embargo, no debemos sentirnos culpables, ya que podemos reajustar nuestra cuenta kármica para poder tener un hijo, entregándonos a ayudar a otros niños.

Perdonar, olvidar y aceptar. Debemos aprender a buscar nuestra propia paz no solo dentro de nosotros sino también en nuestro entorno inmediato. Nuestras parejas y nuestros hijos son nuestros maestros. Ya tenemos a nuestro maestro en casa. Demos las gracias desde el corazón.

Desde el interior, con sinceridad, debemos aprender a no reaccionar ante las situaciones que se presenten como un conflicto. A veces hay alguien que puede con nosotros, que toca un resorte y saltamos, lo que nos demuestra que todavía no hemos alcanzado la automaestría. Debemos empezar a reconocer nuestros propios defectos en la persona que tenemos delante. Lo que odiemos de nuestra pareja lo tenemos nosotros. Es como situarnos ante un espejo. ¿Queremos que cambie nuestra pareja? No lo va a hacer. Debemos cambiar nosotros, y ella también lo hará o se irá con otra persona. En ese caso, le desearemos la mayor de las felicidades y le diremos: «Cariño, si encuentras a alguien que te ame más que yo, seré feliz por tu felicidad». Eso es amor incondicional.

Asimismo, puede ocurrir que nos divorciemos o que fallezca nuestra pareja e intentemos llenar ese hueco buscando el amor en nuestros hijos. Recordemos que son seres independientes. Si muere nuestra pareja, eso significa que ha abandonado este traje. Significa que continúa su historia en otro lugar y que cuando tengamos que marcharnos vendrá a buscarnos. Que no todo se acaba ahí, porque cuando uno muere, se pone otro traje y sigue su camino. No es más que un «hasta luego, cariño, ya nos veremos».

Cuando se va nuestra pareja, y se va adonde tiene que irse, lo único que quiere es que seamos felices. Desea vernos desde la felicidad, disfrutando de nuestras aficiones y momentos. Si nos gusta cocinar y nos ve felices, cantando y cocinando, es un gozo. Pero debe continuar su camino, no hay que lamentarse: «Cariño, por qué me has dejado, por qué me has abandonado». Ese es un amor dependiente. Debemos alegrarnos por su liberación y sentirnos muy satisfechos de haber podido disfrutar del amor verdadero con una persona tan maravillosa. ¡Lo que daría cualquiera por vivir esa experiencia con los hijos ya criados, con la sensación de que todo ha ido muy bien y ahora tiene todo el tiempo para sí mismo!

Cuando acaba una relación, sea por una muerte o porque nos han dado calabazas, debemos dejar un mínimo de seis meses antes de embarcarnos en una nueva, o de intentarlo siquiera. Salir de una relación y entrar en otra para rellenar ese hueco de soledad es un gran error. Se mezclan vibraciones. Se necesita un tiempo mínimo de seis meses para limpiar el lastre de esa vibración, de ese tiempo que hemos compartido con esa persona, ya sea nuestro marido o un noviete de unos meses. Debemos siempre respetar ese espacio. Si no lo hacemos, la nueva relación será enfermiza, dependiente. El amor no consiste en llenar ningún hueco. Por tanto, seamos felices, disfrutando de nuestra soledad.

Un alma gemela es simplemente un ser de quien estuvimos muy enamorados en una vida pasada. Eso significa que no existe un alma gemela, sino millones de ellas.

Hay muchas personas casadas a las que de repente les surge un amor y abandonan a su familia, o hacen que la otra persona rompa con la suya. Eso es lo que se denomina «karma». Nunca se tiene que interferir en una pareja ya establecida, en un matrimonio, jamás. Romper una relación, meternos en medio, es un acto terrible. Si estamos casados, olvidémoslo. Si rompemos esa familia, toda ella sufrirá, y nosotros también viviremos algo similar tarde o temprano. Hay que evitar siempre interferir en las relaciones consolidadas.

A veces los paquetes kármicos se repiten. Recuerdo que en una ocasión soñé que estaba haciendo el amor apasionadamente con un hombre maravilloso que me adoraba y era fantástico, y de repente le vi la cara y era mi padre. «Ay, no, no, no, si es mi padre», pensé. Ahí se rompió la pasión. Luego descubrí que mi padre en otra vida había sido mi pareja.

Nuestros hijos, padres, hermanos y otros seres queridos siempre son amores kármicos de otras vidas. Y a veces acordamos reencontrarnos en esta.

Hace muchos años conocí a un hombre en la calle, un bailarín de claqué. Cuando empezamos a salir, me llamaba desde todos los sitios. Como viajaba por todo el mundo, me telefoneaba desde cualquier parte. Estaba loco de amor. Busqué qué relación tenía conmigo y descubrí que en una vida pasada yo vivía en un palacio, como una princesa, y él era el bufón, y nos enamoramos. Pero claro, estaba prohibido que una princesa se enamorase del bufón, eso era caer muy bajo. Como el rey amenazaba con cortarle la cabeza, tuvo que marcharse de palacio. Antes de irse, me dijo: «En una próxima vida, vendré para ser tu esclavo, con tal de poder estar a tu lado». Y esa vida corresponde a esta. Al recordar esa existencia a través del sueño, lo liberé de su promesa. Enseguida conoció a una chica italiana que se convirtió en su representante y es ahora su pareja. Pero él tenía esa promesa pendiente conmigo en la cual se ofrecía a hacer lo que fuera para complacerme, incluso ser mi esclavo. Es un buen hombre, un maravilloso cantante y bailarín.

Otras relaciones kármicas nacen de madres que maltratan a sus hijos. Eso ocurre porque ellos en otra vida la han maltratado. Cuando entramos en el paquete kármico familiar, resulta muy duro. Cuando elegimos estar en una familia, ya sabemos dónde nos metemos y con quién vamos a sufrir. No hay escapatoria.

Cuando decimos: «Seré tu hijo», lo seremos durante toda la vida. Es una asociación de la cual no podemos escapar. Elegimos por amor incondicional pasar por esas experiencias.

El hecho de que un hijo elija una familia en particular forma parte de su evolución y de su ajuste de cuentas.

Todo es perfecto, nunca tenemos que juzgar. Si nos piden ayuda, ayudemos, pero sin juzgar. A veces nos resulta muy difícil comprenderlo, pero aprendemos mucho de esas experiencias. Sabemos que no queremos eso ni para nosotros ni para nuestros hijos, pero no vivamos la emoción continuamente. Perdonar, olvidar y aceptar. Para nuestra propia tranquilidad. De lo contrario, ¿cómo vamos a vivir en paz?

Cuando alguien comete un acto de violencia contra otra persona, es siempre desde la inconsciencia. Si es consciente, no lo llevará a cabo. Necesitamos actuar con esa actitud de perdonar, olvidar y aceptar.

La adopción es un tema muy interesante. El hijo elige a la madre, pero a la madre biológica. ¿Qué ocurre entonces con la madre adoptiva? Realmente elige a la madre biológica, pero los padres adoptivos también tienen una relación kármica con ese niño. Nada es producto del azar.

Los hijos adoptivos no comparten una vibración natural con sus nuevos padres, sino otro tipo de vibración. En ocasiones, cuando se adopta a un niño de otra cultura, con otro lastre, puede haber problemas por falta de sintonía en la vibración. Siempre es complicado incorporar a un hijo adoptivo en una familia donde hay otros hijos. Por vibración, los mismos hermanos presentan conflictos entre sí.

Poseo una anécdota de otra vida en la que quemé a mi hermana por bruja, pero mi padre la liberó, la dejó salir de aquella pira de madera que ardía. Yo estaba con mi madre, ambas frotándonos las manos, diciendo:

—Quememos de una vez a esta bruja.

Le prendimos fuego mientras gritaba:

—¡Sacadme de aquí, sacadme de aquí!

En ese momento apareció mi padre y le abrió la puerta, la dejó salir, y mi hermana se puso delante de mí y de mi madre y nos advirtió:

—El jueves voy a por vosotras.

Esta vida es jueves.

Mi madre y yo hemos tenido una relación muy difícil con mi hermana, pero desde que comprendimos el porqué cambiamos nuestra actitud hacia ella, y de esa forma saldamos cuentas. Elegimos ser hermanas juntas y todavía, de broma, le digo que es un poco bruja.

Resulta igualmente interesante el síndrome del nido vacío. Cuando los hijos se van de casa, lo mejor que podemos hacer es disfrutar, salir, ir a visitarlos. No hay que quedarse con esa pena, porque eso es apego. Hay que dejarlos libres y ser felices porque ya se han ido y comienzan su andadura como seres adultos que son. Trabajo hecho, ya está. Ahora, a disfrutar de ser abuelos.

Imaginemos un hijo que crece feliz y atendido, y un día sus padres le confiesan: «Hijo, tenemos una noticia que darte. Eres adoptado». De repente, ese hijo sufre un trauma por unas palabras sencillas, algo que se le ha metido en la cabeza: «Eres ilegítimo». Menudo trauma.

En otras culturas la adopción es una práctica muy natural. Los hijos se adoptan, viven bajo el mismo techo y no hay ningún problema. En nuestra sociedad, parece que aún pesa el hecho de ser hijo ilegítimo o adoptivo.

Creamos problemas donde realmente no los hay. El síndrome del nido vacío es algo que no existe salvo en tu cabeza.

Es como la menopausia. ¿Qué significa estar en la menopausia? Sofocos, sudores, mal humor... Si lo esperamos, lo creamos. Y si no lo esperamos también viene, así que démosle la vuelta y digamos: «He tenido un subidón de energía, estoy conectada con el universo». ¿Qué está ocurriendo con la energía del universo a través de nosotros?

Muchas personas me han contado que también experimentan subidones de energía. Es maravilloso sentir ese respiro y el sudor chorreando por la cara. Sentirnos conectadas, pero sin decir que es la menopausia. ¿Qué problema hay? Ninguno, estamos conectados con el universo. Convertimos lo negativo en positivo, le damos un giro de ciento ochenta grados. Solo son palabras, solo son ideas; por eso tenemos la capacidad de transformar nuestras vidas a cada momento.

Sucede lo mismo con la sexualidad. Se han escrito muchas historias, muchos libros, y se han plasmado muchas actitudes e ideas. Y la sexualidad es vibración. ¿Qué realidad queremos experimentar a ese nivel? Mientras haya armonía en la pareja y ambos tengan los mismos deseos y puedan practicar con alegría, cumpliendo el uno con el otro, satisfaciéndose, habrá amor y respeto. Y esa es la mejor de las recetas para ser feliz en pareja.

Si uno desea mantener relaciones sexuales una vez al mes y el otro una vez al día, se produce un conflicto. Es imprescindible buscar un punto de armonía para que los dos se sientan bien. Es posible practicar el sexo una vez al mes y que todo vaya fantástico, pero el otro miembro de la pareja queda insatisfecho por no haber visto colmada su necesidad de una mayor frecuencia.

La armonía se encuentra a través de la paz mental, de la paz interior. Debemos buscar nuestro centro y aceptar y acompañar al otro. La convivencia no es fácil, todos tenemos nuestras manías.

¿Cuál es el mayor conflicto en casa? El mando, y no me refiero a una cuestión de autoridad, sino al mando a distancia. Las familias serían más felices sin tele, sin ordenadores, sin móviles, sin teléfonos. El otro día me comentaba una paciente:

—Para una vez que me invitan a cenar y tengo al hombre delante, cada dos por tres mira el teléfono móvil para ver quién le ha mandado un mensaje. Y a ti te dan ganas de preguntar: «¿Hay alguien ahí?».

La gente se ha vuelto esclava del teléfono móvil y está más pendiente de él que de las personas que tiene a su lado. En una reunión todo el mundo coloca los teléfonos encima de la mesa en silencio, pero enseguida se ve una luz por aquí, una vibración por allá, a ver el mío, que no sé qué... Nos hemos despersonalizado demasiado. Hemos perdido la capacidad de entrega, de conversación, de comunicarnos, de sentarnos a charlar, de tener pasión, y estamos demasiado pendientes de los aparatos electrónicos.

Nos roban esa esencia de unidad y familia. Como sucedía antes cuando todos los miembros de la familia se sentaban a la mesa a comer o a cenar juntos. Entonces buscábamos esa comunicación verbal y el contacto físico, dos cuestiones muy importantes para el ser humano.

Un abrazo no es un abrazo de verdad si no dura seis segundos. Probemos a darle un abrazo a alguien y veremos como a los dos segundos ya empieza a sentirse algo incómodo y molesto porque considera que dura más de la cuenta. Muchas veces se abraza y se besa por protocolo o compromiso.

No hay nada como fundirte con una persona en un abrazo eterno desde el corazón. Es puro sentimiento. Los dos opuestos en este mundo, el amor y el miedo. ¿Qué es lo que más tememos? El amor. ¿Qué es lo que más nos aleja del amor? El miedo.

Así que despojémonos de todos los tabúes y fundámonos con alguien en un enorme y sentido abrazo.

Zen, para mí, es saber lo que piensas, lo que dices y cómo actúas las veinticuatro horas al día, mirar alrededor y saber perdonar y aceptar a toda la gente que interactúe contigo. Si no comprendemos algo, debemos tener paciencia, aceptar la situación con alegría, pidiendo saber el porqué de las cosas, sin juzgar a nadie para no ser juzgado, sin perjudicar a nadie para no ser perjudicado, siendo un ejemplo para los demás, disfrutando intensamente el presente y siendo en cada momento nosotros mismos con todas las consecuencias. Esa es la clave de la felicidad. *JUST DO IT!* ¡Simplemente hazlo!

5

LA ABUNDANCIA

¿Quién vive con abundancia? Los niños. Ellos creen en la abundancia. Cuando volvamos a ser niños de verdad, entenderemos que no carecemos de nada. Cuando un niño pequeño tiene hambre, ¿qué hace? Llora. ¿Y cuál es la reacción de su madre? Le mete cualquier cosa en la boca. ¿Ese niño picnsa en algún momento: «Y si mamá no viene esta noche»? Sabe que lo tendrá todo. Del mismo modo, todos nosotros tenemos que confiar con absoluta certeza en que dispondremos de todo lo que necesitemos. Ahora bien, tal vez lo que pensamos que necesitamos no sea lo que realmente nos conviene. A menudo albergamos esa falsa idea de que se precisan muchas cosas para ser felices.

Un ejemplo fabuloso para mí se me ofreció en un viaje solidario a Vietnam, donde estuvimos haciendo una obra humanitaria. Recuerdo que estaba con mi maestro en el sur del país, donde la gente llevaba sufriendo desde hacía tres meses debido a la escasez de alimentos. De hecho, allí la gente vive en comunidad, las familias son muy grandes y habitan todos juntos bajo el mismo techo. Y muchas de esas familias disponían únicamente de un escaso puñado de arroz para alimentar a todos sus miembros durante días o semanas. ¿Qué hacían? Hervían ese puñado de arroz en una olla de agua y empezaban sirviendo la espuma que se formaba en la parte superior de la olla, algo que ni siquiera se podía comer con una cuchara. Cuando llegamos allí, llevamos un camión con treinta toneladas de arroz, salsa de soja y fideos. Cada familia venía a recoger su saco de diez kilos de arroz. ¡Era increíble la cara de felicidad de esa gente! Como si fuéramos dioses caídos del cielo. Es imposible describir la sensación que se palpaba en el ambiente.

Mi maestro me dijo:

—Suzanne, mira los niños. —Estaban allí, apartados, jugando tranquilamente mientras sus padres hacían cola para recoger las provisiones. Me preguntó—: ¿Qué ves en ellos? Son felices, están jugando descalzos, con ropa muy sencilla. Y seguramente no han comido un plato de comida normal en mucho tiempo. Viven con extrema sencillez, no tienen más. ¿Los ves infelices?

—No, en absoluto —respondí.

Esos niños eran maravillosamente felices a pesar de sus circunstancias. Y mi maestro añadió:

—Suzanne, tener comida, tener provisiones, tener comodidades no es sinónimo de ser feliz. Es una gran lección. Aprende de ella.

En ese viaje fui observando las diferentes reacciones, las caras de las personas que saben adaptarse a sus circunstancias.

Uno de los lugares que más me impactaron fue una leprosería donde estuvimos interactuando con leprosos. Uno de ellos me seguía a todos lados. Y al final le pregunté si le podía hacer una foto. Me dijo:

—Espera un momento.

Tomó un pañuelo, lo dobló y lo puso en el bolsillo de su pijama para estar más guapo. Y era feliz. Su cara mostraba felicidad a pesar del dolor que sentía en su cuerpo. ¿Por qué? Porque aceptaba su situación. Aceptaba que su camino le llevaba a pasar por esa experiencia.

¡Cuántas tonterías se me quitaron de la cabeza cuando volví de ese viaje! Llegué a mi casa, entré por la puerta y pensé: «¡Madre mía, cuánta riqueza!». Estaba en un piso de alquiler normalito de Barcelona. ¡Tenía una cama con colchón! ¡Tenía una nevera con comida dentro! ¡Tenía un techo! Y lo que más me proporcionaba la sensación de riqueza era que ¡tenía un inodoro! En el que además apretabas un botón y desaparecía toda aquella porquería. Me sentía la mujer más rica del universo, porque pude valorar lo que no tenían muchos, pese a lo cual eran igualmente felices. A partir de ese momento, empecé a quitar objetos de en medio y a llevar una vida más sencilla y austera. Sentía la necesidad de compartir lo que tenía con personas menos afortunadas que yo. Vacié los armarios. Qué sensación cuando se abre un armario y hay espacio dentro, y no tanta aglomeración de ropa que no sabes bien ni lo que tienes. Y me di cuenta de que cuantas más cosas mías daba como forma de expresar amor, mientras más disfrutaba viendo la cara de la persona que lo recibía, más ligera y feliz me sentía.

Un día vino un amigo a casa para ayudarme con una página web. Nada más pasar por la puerta y entrar en el pequeño salón, se acercó para darme dos besos y le dije:

—¡Hueles mal! —A veces soy excesivamente sincera.

—¿Qué? —me preguntó, extrañado.

—Hueles mucho a tabaco. ¿Podrías salir un ratito a dar una vuelta?

Ese día dejó de fumar. Dijo que era justo esa bofetada lo que necesitaba para dejar el tabaco. Un día le comenté:

—Esa chaqueta de cuero que llevas desde hace no sé cuántos años, como tiene un cuello que no es de cuero, sino de tela, huele mucho a tabaco. ¿Por qué no la renuevas?

—Vale, voy a comprarme una chaqueta nueva —me contestó.

—¿Qué vas a hacer con esta? —le pregunté.

—Pues no sé, la tiraré, ya que apesta.

Pero mis planes eran otros:

—No, ven conmigo —le dije.

Lo llevé a una zona de Barcelona donde están las misioneras de la caridad de la Madre Teresa de Calcuta. Fuera del edificio se encontraban los «sin techo». Estaban allí con sus botellas de vino, esperando la hora para entrar a comer. Y le dije a mi amigo:

—Regala tu chaqueta, porque como no te la vas a poner nunca más, alguien la recogerá y posiblemente no se la quitará ni de día ni de noche.

Nos acercamos al grupo de mendigos que estaban tirados por el suelo y, muy tímidamente, preguntó:

—Perdón, ¿alguien quiere una chaqueta de cuero?

Le miraron con cierto asombro, hasta que uno se levantó y dijo:

—Vamos a ver.

Se la puso, soltó cuatro tacos y exclamó:

—¡Gracias, tío, gracias!

Otro se giró y preguntó:

—¿No tendrías una Harley Davidson también?

Curiosamente, el resto del grupo nos miró como diciendo: «Esta gente es un poco rara. Aparecen de la nada y dicen: "¿Alguien quiere una chaqueta de cuero?"». Para ellos no era normal ver a muchas personas como nosotros. Y de pronto empezaron a darnos las gracias y a saludar:

—¡Ey, gracias, eh, guay! Bien, bien, a ver si pasáis otro día.

Mi amigo se fue feliz, diciendo:

—No se me había ocurrido.

¡Cuánta felicidad hay en dar! Y cuántas cosas tiramos a la basura. Cuando damos con la intención de ayudar a otra persona, eso nos hace sentir bien. En Oriente dicen: «Si quieres cambiar tu vibración, si quieres cambiar tu suerte, haz caridad». Si damos, nos sentimos bien y podemos tener una mejor salud. Siempre nos sentimos bien simplemente dando, de la misma manera que expresando nuestra creatividad o algún don, o haciendo aquello que hemos venido a hacer a este mundo, porque es algo que fluye de forma natural.

¿Cómo podemos ascender y elevar nuestra vibración? Practicando el desapego. Demos, hagamos caridad. Caridad de verdad. No para sentirnos bien o para buscar reconocimiento, no con un interés oculto. Hagamos caridad desde el corazón.

Si deseamos llevar la abundancia a nuestras vidas y vivir de otra manera, con lo suficiente para poder sobrevivir en la sociedad, hemos de saber cómo funciona el banco de la Divina Providencia. Mucha gente pregunta: «¿Dónde puedo encontrar el banco de la Divina Providencia? ¿En qué calle está?».

Una señora me escribió en cierta ocasión: «Aquel banco que decías que se llama la Santísima Trinidad...». ¡Incluso se inventan el nombre del banco!

¿Cómo se saca dinero del banco de la Divina Providencia? Hay un pequeño truco: dar, dar y dar sin esperar nada a cambio. Hay algo denominado cuenta kármica, que es equilibrio. El karma es equilibrio.

Llevamos ochocientos millones de vidas sorteando el equilibrio, y cuando llega un momento en el que ya hemos avanzado bastante y estamos aquí, en esta vida, al final de la dualidad, decimos: «Es increíble cuánta miseria hay por aquí. Ni siquiera llego a final de mes». En ese punto nos bloqueamos. ¿Por qué? Porque no hemos entendido el equilibrio. No sabemos reconocer la Ley de Acción y Reacción. Si robamos, nos robarán; si ambicionamos más dinero, alguien lo tendrá en lugar de nosotros. Es muy fácil. Hemos de sortear el tema del dinero vibrando con dinero. Está bien, es útil, se utiliza para muchas cosas, pero no debemos tener apego a él. Considéralo un préstamo. Si no lo sabemos utilizar, si lo metemos en el banco o debajo de un colchón, no fluye. ¿Qué ocurre entonces? Se estanca y se pudre. O alguien viene y nos lo quita.

Si no nos gusta cómo es nuestra vida, si no vemos que todo fluye, tenemos que parar y reflexionar: «¿Por qué estoy viviendo esta experiencia de limitación, de ausencia de prosperidad?». Debemos eliminar un factor muy importante llamado factor de resistencia: «Soy pobre, tengo que luchar para vivir...». Cuántas personas dicen: «¡Qué dura es la vida! Hay que luchar y trabajar mucho para ganarse la vida». Es imprescindible cancelar este tipo de pensamientos. Si lo pensamos y lo decimos, así lo viviremos, ya que atraeremos esa experiencia. Si piensas que eres un don nadie, ten por seguro que eso es lo que serás.

Todos nacemos con un don, con una característica, con algo especial que sabemos hacer mejor que nadie en este mundo. Solo tenemos que descubrir de qué se trata. Cuando lo descubrimos, dedicamos la vida a regalar a los demás nuestro arte o nuestro talento y a compartirlo con ellos. Y podemos vivir de ese don sin que el trabajo nos esclavice.

Cuando un artista se pone a cantar y nos encanta escucharlo, nos surge del alma decir: «Toma, te quiero regalar algo por la felicidad que me aportas». Los niños saben hacer un buen uso de esa estrategia. Un niño que tiene un don y sabe cuál es, ¿cómo maneja a sus padres, a su profesor o a sus hermanos con él? Lo utiliza cuando sabe que le caerá una bronca. Por ejemplo, una niña que es consciente de que tiene una voz preciosa, ¿qué hace cuando sabe que le pueden reñir? Canta: «Mami, eres la más guapa...». ¿Y qué hace su madre? Se derrite.

Cuando aprendemos cómo utilizar nuestro don, disfrutamos enormemente, nos expresamos desde lo más profundo de nuestro ser, elevamos la frecuencia, accedemos al disco duro y sabemos lo que tenemos que hacer y cuándo lo tenemos que hacer para utilizar la magia de la vida. Entonces todo fluye, porque estamos alineados con nosotros mismos, con nuestro camino, con nuestra evolución. El problema surge cuando la mente se entromete y dice: «No, yo quiero ir por allí». Y aunque el camino nos lleve por otro lado, la mente insiste: «No, yo quiero ir por allí».

Es como el que desea ir cuesta arriba con un coche que lleva el freno de mano puesto. Está allí, acelerando, hasta que alguien le ve y dice: «Perdón, un momento, ¿te importa bajarte del coche?». Se baja, le quita el freno, le gira el coche mirando cuesta abajo y dice: «Sube ahora». Y el coche va solo. A menudo la mente crea resistencias que bloquean el fluido de la abundancia. Si algo no fluye, se produce un estancamiento. ¿Qué tenemos que hacer en esos casos? Parar y preguntarnos: «¿Qué estoy haciendo mal? ¿Qué es lo que no estoy viendo? ¿Qué es lo que no estoy escuchando?».

De alguna manera empezamos a reflexionar, a abrirnos, porque siempre aparecen ángeles en algún momento que nos dicen: «Cariño, no es por ahí. Te has dejado el freno puesto y por eso no avanza el coche». ¿Y qué ocurre? Surge el ego: «¿Tú a mí qué me vas a decir?». Cuando surge el ego, la persona se vuelve ciega e irracional, se pelea con su propia mente, crea resistencias. ¿Qué hay que hacer? Respirar con conciencia y ser humilde. Reconocer que tal vez estamos equivocados. Podemos equivocarnos, somos seres humanos. O quizás debería decir que somos seres intentando ser humanos. No pasa nada por equivocarse, rectificar es de sabios. Escuchémonos, escuchemos a esos mensajeros, escuchemos a los niños, que con su pureza nos van a ayudar a descubrir cuáles son nuestras resistencias. Porque cuando nos ponemos en plan cabezota, es muy difícil escuchar, abrir el corazón, ser humilde. Y la resistencia sigue ahí.

Si queremos que algo acuda a nuestra vida, debemos atrevernos a soñar a lo grande. ¿Y por qué no? Si digo: «Algún día cenaré con Richard Gere», lo conseguiré. Tengo una conversación pendiente con él desde hace varias vidas, y lo vamos a hacer. Tenemos un proyecto, algo que hacer en común. Es mi sueño. Y si alguien dice: «¿Y tú quién eres para pensar que algún día vas a cenar con Richard Gere?», le contesto: «Lo voy a conseguir. Es mi sueño, tengo todo el derecho del mundo a soñar». ¿Y por qué no? Un niño puede soñar con ir a la luna. ¿Y quién le dice que no lo puede hacer? Dejémosle tener su fantasía, su sueño. ¿Y si se hace realidad? Si no nos damos permiso para soñar, nunca descubriremos esa gran maestría que albergamos en nuestro interior.

Estuvimos en Vietnam, trabajando muy duro, con amor incondicional, con entrega, haciendo largos viajes y con poca comida. De alguna manera eso equilibra nuestra cuenta kármica, débitos que se van restando y ajustando hasta resolver el karma. Todo lo que demos de más como acto de caridad se convierte en créditos, y cuantos más créditos acumulemos, más fácil e inmediatamente nuestros deseos serán órdenes. Pedimos y se nos concede enseguida.

Ahora sabemos cómo medir la cuenta kármica. Si pedimos algo y se manifiesta de inmediato, sabemos que vamos por el buen camino. Si pedimos algo y tarda mucho en manifestarse en nuestra realidad, hay que trabajar, hacer más caridad, dar más, practicar más el desapego. Pide y se te dará.

Mis compañeros de viaje me llamaban «la enchufada». Me decían:

—Suzanne, tú pide, a ver si esta noche nos ponen para cenar arroz borracho.

—No, es que esta noche me apetece piña tropical y fruta tallada.

Llegábamos a nuestro destino y justo lo que había pedido nos estaba esperando en la mesa. Si yo lo puedo hacer, ¿por qué no lo hacemos todos?

Enseguida me di cuenta de cómo funciona la magia de la vida, la prosperidad, de cómo podemos conseguir que se realicen nuestros sueños. Dando. Cuando damos, jamás perdemos nada. Si vibramos en la resistencia y decimos: «Es que no tengo nada que dar», no viviremos en la abundancia. No es solo lo que sentimos, lo que creemos y lo que pensamos. Es en lo que vibramos. Si vibramos en la ausencia de prosperidad, de abundancia, ¿qué hace el universo? Lo expande. ¿Y qué tendremos entonces? Más de lo mismo.

Si queremos pedir algo, no lo dudemos: «Pido un día precioso para mañana». Pero no limitemos la experiencia a lo que la mente pueda crear. Si decimos: «Pido un hombre maravilloso, tan sexy y adorable como Richard Gere», estamos limitando nuestra experiencia, nuestra creación. ¿Y cómo salimos de la limitación? Simplemente añadiendo: «O alguien mucho mejor». Pidamos lo que nos convenga.

Podemos pedir vivir determinada experiencia, pero el universo puede tener otras ideas mejores. Podemos decir: «Pido esto o lo que mejor me convenga. Pido que me toque la lotería». Aunque este sea nuestro mayor deseo, tal vez no le convenga a nuestra evolución. Quizás nos resulte más conveniente trabajar más, estar en contacto con las personas, estar entregados más horas. Si nos toca la lotería, ¿qué haremos? Relajarnos, acomodarnos y dejar de trabajar para nuestra evolución.

¿Sabes lo que dicen en Oriente de la lotería?: «Ganar la lotería es dinero caído del cielo. Si lo sabes gastar, es una oportunidad para tu evolución. Si lo gastas inconscientemente, se convierte en veneno para tu vida».

¿Quieres saber cuál es la regla? Si nos toca la lotería, el treinta por ciento debe ser para nosotros, para nuestros caprichos, para lo que sea, y el setenta por ciento para caridad. ¿Te parece demasiado? ¡Pues tiene mucho sentido! Si realmente queremos trabajar para la evolución o para el despertar, ya sea individual o colectivo, podemos decir: «Deseo ser un buen filtro, un filtro limpio, puro, sin apegos». Y demostrarlo. Y si empezamos a ganar mucho dinero, preguntarnos cuánto necesitamos y reinvertir el resto en beneficio de los demás. Conscientemente. Hay que saber hacer caridad conscientemente. De ese modo nos convertimos en seres responsables. Mientras nuestra vibración sea beneficiosa para los demás, siempre tendremos abundancia en todo lo que hagamos. Podemos dar y decir: «Deseo ganar mucho más para poder reinvertirlo en los demás». Cuando creas abundancia y prosperidad para los demás, estás haciendo lo mismo para ti.

Si realmente deseamos crear algo para el beneficio ajeno, nos lo van a facilitar. Pero si ofrecemos resistencia y decimos: «Quiero crear eso, pero, pobre de mí, no tengo dinero. ¿Cómo lo voy a hacer? ¿De dónde va a salir ese dinero?», ya hemos bloqueado la intención. Sin embargo, si nos centramos en la meta y nos olvidamos de cómo lo vamos a lograr, de la mente y de esas restricciones que nos ponemos a nosotros mismos, sin lugar a dudas lo conseguiremos.

Si no nos gusta lo que pensamos y decimos, eliminé-moslo. Hemos de ser conscientes de que somos cocreadores de nuestra propia experiencia. Somos el guionista de la obra de teatro que estamos escribiendo, de la versión de nuestra realidad de este mundo, y si decretamos: «Soy un pobre mi-serable que no tiene nada. Tengo que luchar para sobrevivir y debo guardar para el día de mañana», ya estamos creando ausencia y falta de abundancia para ese día de mañana. ¡Ya lo estamos proyectando! No guardemos para el día de mañana. ¿Para qué queremos un plan de pensiones? Al abrirlo, ya es-tamos creando falta de abundancia para el futuro. ¿Realmen-te queremos vivir esa experiencia en nuestra realidad? No. Debemos cancelar y rectificar.

Como te dije anteriormente, la abundancia consiste en tener hoy lo que necesitamos hoy para hacer lo que tenemos que hacer hoy.

Pasé bastante tiempo descubriendo este camino hacia la abundancia para darme cuenta de qué es lo que realmente he venido a hacer. ¡Tuve tantos sueños en los que aparecían ex-crementos! ¿Qué significan los excrementos en los sueños? Dinero. Y en un determinado sueño, me veía en un bosque, transitando por un camino muy ancho. Yo iba delante, y de-trás de mí venía una muchedumbre a lo lejos, siguiéndome. Con una pala grande, iba quitando enormes heces del cami-no y dejándolas a los lados. Tuve la enorme suerte de contar con un maestro de vida que siempre afirmaba: «Un maestro verdadero es el que crea más maestros, no el que más discí-pulos tenga». En una ocasión me dijo:

—Suzanne, en los sueños, en meditación, si ves excre-mentos, eso significa dinero.

—Pues va a venir mucho, porque en mis sueños estoy sentada en el inodoro, y está lleno hasta arriba –le contesté.

—Ese sueño significa que, en el futuro, vas a ser una persona a través de la cual pasará mucho dinero para todas esas personas que vienen detrás. Serás como un filtro que ayudará a muchos seres humanos necesitados.

—De acuerdo, acepto –le dije.

Había estado viviendo situaciones límite con el dinero, pero él me decía:

—Pasarás cuatro años de una forma muy justa a nivel económico. Supera la prueba. No pidas créditos, no pidas préstamos al banco; simplemente aprende a adaptarte a las circunstancias. Tendrás menos, limita más los caprichos. Irás aprendiendo poco a poco cuáles son tus prioridades para cubrir tus necesidades.

Me pareció bien y, efectivamente, así fue. Cuando murió, pensé: «Deseo seguir su ejemplo». Y empecé a fijarme, a observar cuántas personas necesitadas había en mi entorno. Y por otro lado veía tanta abundancia... Y pensaba: «Qué mal repartido está todo en el mundo».

Con este maestro hice un viaje a Oriente. Antes de emprender este viaje, me marché de un trabajo y el finiquito que me dieron, en aquel entonces medio millón de pesetas, decidí entregarlo al maestro para ayudarle a desarrollar los proyectos que había empezado en Vietnam. Como ya conté anteriormente, era mucho el trabajo humanitario que se hacía. Entonces sentí que medio millón de pesetas en España era mucho dinero, pero en Vietnam debía de ser una fortuna. Allí cundiría más. El maestro me miró y me dijo:

—Ahora no tienes trabajo, no debería aceptar este dinero tuyo.

—Tengo lo suficiente para ir tirando y te lo doy igualmente –le respondí.

—Entonces, si lo das de corazón, acepto.

No pasó ni siquiera una semana hasta que ese dinero regresó a mí. Una persona a la que apenas conocía supo de mi cambio de situación y me dijo:

—Me ha venido un dinero extra y me gustaría ayudarte, ya que vas a ir con el maestro para echarle una mano en el trabajo humanitario.

Cuando vi que era exactamente la misma cantidad, llamé a mi maestro y le dije:

—Mira lo que me ha pasado. ¿Qué hago con este dinero?

—Tú eliges –me contestó.

Si entregamos dinero desde el corazón sin pedir nada a cambio, ni siquiera que regrese a nosotros, si vamos a necesitar ese dinero, el universo nos lo devuelve. Acción-reacción. ¡Qué magia! A partir de ese momento dejé de tener miedo a perder algo si doy. Pensaba: «¡Qué bien, voy a experimentar esto!». Damos y nos viene de vuelta. Pero a veces damos y nos viene doblemente de vuelta. Nos convertimos en un mágico filtro que hace circular la energía del dinero.

Si somos un filtro honesto, limpio, sin ambición, y lo hacemos de corazón, es como si estuviéramos señalados, como si dijéramos: «Deseamos hacer llegar mucho dinero a una zona que está muy necesitada ¿En quién confiamos? Mira a esta persona, lo que tiene lo reparte, vamos a utilizarla». E indicamos: «Tengo que dar ejemplo, ser como un faro, para que otras personas aprendan a mirar hacia fuera y pierdan ese miedo a pensar que si dan, ¿qué ocurrirá el día de mañana?». Muchas veces me dicen:

—Suzanne, eres un poco inconsciente. Eres madre soltera. ¿No tendrías que estar pensando en el día de mañana, en la educación de tu hija, en su futuro?

Y yo contesto:

—Hoy tengo lo que necesito para lo que tengo que hacer hoy. El día de mañana solo será otro hoy.

Por lo tanto, ¿por qué debemos preocuparnos? Pero si además guardamos para el día de mañana, energéticamente estamos creando escasez para el día de mañana. No es tanto lo que pensamos, no es tanto lo que decimos, sino lo que vibramos. Si vibramos en esa carencia, estamos creando ya esa misma carencia.

En poco tiempo pude sentirme en paz con el tema del dinero. Pude dar medio millón de pesetas y pasar dos años haciendo trabajo solidario por todo el mundo. Y cuando necesité volver a trabajar, me limité a crear el tipo de trabajo que me interesaba, y ya tenía un salario. De inmediato. Hasta que empecé a tener condicionamientos familiares –mi hija ya en edad escolar– como para decir: «Ya no necesito un trabajo desde casa, quiero libertad, quiero viajar, quiero extender mis alas y volar y hacer lo que realmente he venido a hacer».

Vietnam fue un viaje que me quitó muchas tonterías de la cabeza. Allí limpié todo el polvo de mi antena, de la conexión. Y fue así porque allí vi a gente realmente necesitada.

Un día vimos en la carretera a un motorista al que se le cayó un saquito de arroz de un kilo. Todos los motoristas que venían detrás, sin excepción, respetaron cada uno de los granos de arroz desviándose y continuando su camino sin haber pisado ni un solo grano. El maestro nos pidió que aparcáramos la camioneta a un lado para ver la reacción de los demás.

—Observad —nos dijo. Y nos quedamos allí con la boca abierta, viendo cómo el hombre se quitaba la camiseta, le hacía varios nudos para improvisar un saco y recogía uno a uno los granos de arroz. Ese saquito tenía que alimentar a una familia durante un mes. Y el maestro dijo—: ¿Y vosotros tiráis comida?

Desde aquel día no soy capaz de dejar nada en el plato. ¡Cada grano de arroz es un tesoro!

—Un grano de arroz es como un grano de oro —señaló el maestro. Tiene ese valor. Es un alimento sagrado.

¿Qué habría sucedido en cualquiera de nuestras ciudades? Pasarían por encima, y si alguien se baja de la moto para recoger algo, lo atropellarían. Aquí no existe el mismo nivel de conciencia con respecto a la comida. Cuando estamos en la mesa comiendo, ¿tenemos conciencia? No. Aquí parece que se trata de comer lo que puedas, engullir, tener un vaso de líquido al lado para bajarlo lo más rápido posible y para colmo comer y hablar a la vez. ¿Quién digiere, quién mastica, quién respeta esos alimentos? En países como la India respetan la comida. La tienen delante y dan las gracias por las manos que la han preparado, por los agricultores que han trabajado para cultivarla. Hay una conciencia, un respeto. Cuanto más tenemos, menos respetamos.

En Irlanda me sucedió algo muy divertido. A mi madre le encantan las figuritas de cerámica de Lladró. Yo tenía una que sabía que le gustaba mucho, porque ya la había visto en mi casa. Me llevé la pieza a Irlanda y mi madre se mostró entusiasmada, encantadísima, y me dio las gracias. Luego me dijo:

—A la vecina de al lado le han diagnosticado un cáncer. ¿Por qué no vas y le haces un «toque zen»?

—Vale, muy bien —le contesté.

Mientras esa vecina estaba en el baño, yo me entretuve en su salón mirando todas sus figuritas, sus objetos, sus colecciones. Tomé una pieza y cuando volvió, le dije:

—Qué bonita, ¿verdad?

—Si te gusta, te la regalo —respondió ella. —Se trataba de una figurilla de una muchacha muy dulce tocando el contrabajo. Yo era contrabajista en una orquesta sinfónica. Ella insistió—: Si quieres, te la regalo. Por favor, llévatela.

Y pensé: «Acabo de regalar una pieza de Lladró y acto seguido me regalan una, además en sintonía con mi vida». ¿Quién podría hacer una creación más perfecta? Esto es acción-reacción, la magia invisible de aquello que aún no podemos entender.

Del mismo modo, si le damos una bofetada a una persona y somos seres evolucionados, también regresará a nosotros. Pero si nuestra evolución todavía es mucho más lenta, menos avanzada, no asociaremos tan fácilmente la acción, porque la reacción llegará al cabo de un tiempo. Así que cuanto más vamos subiendo por la escalera de la evolución, más conscientes debemos ser. En el tema de la abundancia, ese reflejo es muy evidente. Damos, recibimos. Hacemos un regalo, nos regalan algo. Cuanto más rápido vamos avanzando, mejor.

Sin embargo, en el servicio siempre hay pruebas, siempre hay lecciones, nunca llegamos a la cima de la montaña y decimos: «Ya estoy aquí». El problema es que cuando llegamos a la cima de la montaña vemos que hay otra montaña, y más alta. Subimos, bajamos, subimos, bajamos. Vamos creciendo porque nadie crece desde la comodidad. Necesitamos esos avisos, esos toques para mantenernos despiertos. ¿O tal vez preferimos estar dolidos o dormidos? Existen alertas para seguir avanzando. No podemos permanecer con esa arrogancia, pensando que ya estamos despiertos. Si decimos eso, significa que estamos más dormidos que nadie. Una persona despierta nunca lo dirá porque reconocerá que al final de la montaña hay otra para seguir creciendo.

Las vivencias del día a día, las personas que tenemos delante, esos retos, esos desafíos son experiencias que nos resultan muy útiles para comprobar nuestro nivel de evolución. Cuando alguien se nos pone delante y nos increpa, pensamos: «Hace diez años quizás le habría dado una bofetada, hace cinco años le habría insultado, hace dos años le habría soltado un taco, hace un año me habría dado la vuelta y le habría dicho: "Vete a tomar conciencia". Y ahora puedo tener a esta persona delante y no pasa nada». Podemos escuchar, podemos observar cómo intenta ofender nuestro ego o cómo trata de hacernos sentir mal, y no ocurre nada. Podemos sonreír igualmente y decir: «Estoy en mi centro». Esto significa abundancia de amor. Porque bajo la cúpula del amor, todo es abundancia, hasta los insultos. Y en Oriente, ya lo he comentado anteriormente, dicen: «Si alguien te insulta, dale las gracias». ¿Por qué? Porque tú en otra vida le has insultado, y ahora estás saldando deudas. O te está recordando, según tu reacción, que todavía no has alcanzado la maestría.

¿Quiénes son los mejores maestros? Tus hijos. ¿Quién puede contigo? ¿Quién te pincha? ¿Quién te hace enfadar? ¿Quién te pone de los nervios? ¿Quién te saca de tus casillas, por muy maestro que seas? Los niños.

¿Quién disfruta más de la abundancia? Los niños. Ellos saben cómo conseguir abundancia porque no tienen el bloqueo mental que tenemos los adultos. Un niño pequeño sabe que si llora, logra lo que necesita. No se para a pensar: «¿Y si mamá no me da la cena esta noche?». Y sabe que si lo reclama, habrá cena, mimos o una cuna para dormir.

Ellos confían en la absoluta abundancia. Saben incluso hasta qué punto los adultos somos inconscientes y son capaces de manipularnos para conseguir lo que quieren. Porque saben, utilizan ese poder, usan estrategias y perciben con quién pueden emplearlas y con quién no. Lo vivimos todos los días en casa. Observémoslo. A un niño no le falta nada: cuando se empeña, lo consigue. Aprendamos de ellos.

Atrevámonos a soñar a lo grande. Si vibramos en: «Tengo que luchar para llegar a final de mes», ¿qué vamos a vivir? Luchamos para llegar a final de mes porque esa es nuestra vibración, lo estamos creando. ¿Qué hay que hacer? Relajarse. Pensar de forma diferente. Creérnoslo y vibrar en ello. Si nuestro gran sueño es tener un coche rojo descapotable, hagamos caridad para merecerlo, entreguémonos a los demás, vayamos saldando las cuentas kármicas, y a lo largo del camino nos reiremos porque algún día vendrá un niño y dirá: «Te regalo mi cochecito de juguete». Y será un descapotable rojo. Tendremos que saldar más cuentas. Unas pocas más. Más servicio, más amor. Y uno de nuestros hijos nos dirá que se va a casar con una persona muy rica, y resulta que tiene

¡un descapotable rojo! Y nos lleva de paseo y notamos que ya hemos avanzado mucho. Esa es la manera de ir consiguiendo lo que deseamos, lo que queremos ardientemente. Si es un capricho, nuestro capricho, adelante, estamos aquí para vivir la abundancia en el paraíso, que es donde nos encontramos realmente.

¿Cómo saldar las cuentas kármicas sin tener que ir a Vietnam? Puede ser en cualquier lugar, a la vuelta de la esquina o en nuestra propia casa. Simplemente debes tener una actitud de desear ayudar. Si deseamos riqueza, regalemos riqueza. Si deseamos amor, regalemos amor. Demos lo que queramos recibir. En verdad, en otros niveles multidimensionales, solo nos estamos dando a nosotros mismos. Y recuerda que lo que sale, vuelve a entrar. Si damos mucho, recibiremos mucho. Y cuando queramos crear algo a lo grande, no pongamos un límite mental diciendo: «Quiero crear un centro holístico. Pero ¿de dónde voy a sacar el dinero? Pobre de mí, que no tengo nada y soy un don nadie. ¿Cómo voy a tener el dinero suficiente para crear algo tan grande?». Si somos capaces de visualizar algo, significa que ya está hecho. Y solo tenemos que poner nuestra atención, nuestro enfoque, sobre lo que queremos vibrando en esa dirección. Ya nos estamos alineando con nuestros sueños. Quitamos la resistencia mental de en medio y así fluimos en esa dirección. Una vez desocupada la mente, lo conseguiremos. Pero si ponemos resistencias mentales y lo enmarañamos todo, provocaremos que se creen bloqueos.

Imaginemos que estamos en una piscina y deseamos que nuestro hijo pequeño aprenda a nadar. Tenemos que crear un vacío. Cuando creamos ese vacío —que significa mantener una distancia con nuestro hijo—, él automáticamente es absorbido dentro de él, y viene nadando hacia nosotros. Sin embargo, si lo sujetamos dependerá de nuestras manos para sentirse seguro, no habrá vacío ni lucha con el agua. No aprenderá a nadar. Hay que quitar toda esa resistencia, crear ese vacío y decir: «Yo ahí». ¿Cómo llegar hasta ahí? Qué más da, pero lo vamos a conseguir porque ya lo tenemos.

Si somos capaces de soñarlo, visualizarlo, plasmarlo sobre papel, significa que ya está hecho, que está incluido en nuestro programa. Si le decimos a una persona: «¿Tú te imaginas trabajando en un centro holístico con tus masajes?», y esa persona responde: «¡Oh, yo no!», no está en su programa. Pero hay otros que señalan: «Tu sueño es mi sueño».

¿Quién dice que se necesita dinero para crear sueños? No hace falta. Pero si nuestra creencia, nuestra mente, está convencida de que se necesita dinero para ello, ya está, ya podemos luchar toda la vida. Es mucho más fácil de lo que nos han hecho pensar que es.

Tenemos que recuperar esa soberanía, esa divinidad, y sentirnos dioses cocreadores de nuestra propia experiencia individual y colectiva. ¿Cómo podemos alcanzar esa vibración? Con nuestro don, con aquello que nos haga vibrar, que nos haga sentir, que nos haga abandonar la mente, que nos absorba y nos haga pasar horas sin darnos cuenta mientras estamos inmersos en esa actividad. Eso es lo que nos hace vibrar alto, y cuando estamos vibrando alto nos inspiramos. Inspirarse procede de *in spiritu*, en espíritu.

¿Queremos evolucionar y descubrir quiénes somos? Busquemos algo que nos inspire. Si somos unos cocineros maravillosos, nos encanta compartir la exquisita comida que preparamos y ponemos en ella toda nuestra atención y todo nuestro amor, y cuando la gente coma, dirá: «Pero ¡qué potaje tan bueno!». Y pensaremos: «Ha valido la pena estar toda la mañana en la cocina». O si somos inspirados panaderos que hacen un pan tan estupendo que vienen a comprarlo desde los pueblos más alejados, ese es un pan de alta vibración, que puede incluso ser una medicina para el alma. Otros pintan, cantan, bailan, hablan, inspiran o permanecen en silencio y en paz, y son el foco de otros que piensan: «Quiero estar en paz como esa persona». Hagamos lo que hagamos, hagámoslo desde la paz, porque todo ser humano nace con un don.

¿Cuántas personas hemos descubierto nuestro don? ¿Y somos felices? ¿Regalamos nuestro don a la humanidad? A veces hay una pequeña trampa. Un don significa saber hacer algo mejor que cualquier otra persona en este mundo. Ese don es nuestro regalo para la humanidad. Hay quien posee un don maravilloso, como por ejemplo un cantante, pero si ese cantante se vuelve ambicioso, su propia ambición le hace torcer su evolución. Si eres un individuo capaz de generar prosperidad para ti mismo, tienes una oportunidad para compartir esa riqueza, esa abundancia, con muchísimas personas. Por eso hoy en día hay cada vez más artistas que realizan trabajos solidarios, conciertos para diferentes ONG, donaciones u otras muchas acciones. Eso es fabuloso. Regalar nuestro tiempo, ofrecer nuestra experiencia, siendo felices de dar y compartir, de hacer felices a los demás. Si queremos prosperidad, ofrezcamos prosperidad. Es muy fácil. Cuando hemos creado prosperidad para otras personas, también la hemos hecho para nosotros mismos. Cuando nos alegramos de que alguien se haga rico, ya estamos creando esa vibración para nosotros. Pero si lo vemos con rabia o envidia, ¿qué estamos creando para nosotros?

¿Podremos algún día afirmar: «Nosotros somos una gran familia», en lugar de: «Yo soy»? Si deseamos cambiar el mundo, debemos creer en ello. Todos somos capaces de cambiar el mundo. Pero primero hemos de transformar nuestro mundo, lo que hay dentro de nosotros. Si experimentamos ese cambio en nosotros, veremos cómo se produce una transformación en todo nuestro pequeño entorno, en nuestra familia, en nuestra ciudad. Y sin miedo, podremos decir: «Esto ocurre porque me atrevo a ser yo mismo».

Yo soy, nosotros somos. ¡Somos una gran familia de seres viviendo una hermosa experiencia en la dualidad!

6

ZEN EN LA PRÁCTICA

Sé firme en tus actitudes y perseverante en tus ideales.

Pero sé paciente, no pretendas que todo te llegue de inmediato.

Ten tiempo para todo, y todo lo que es tuyo vendrá a tus manos en el momento oportuno.

Aprende a esperar el momento exacto para recibir los beneficios que reclamas.

Espera con paciencia a que maduren los frutos para poder apreciar debidamente su dulzura.

No seas esclavo del pasado y los recuerdos tristes.

No hurgues en una herida que está cicatrizada.

No rememores dolores y sufrimientos antiguos.

¡Lo pasado, pasado está!

De ahora en adelante, procura construir una vida nueva, dirigida hacia lo alto, y camina hacia delante, sin mirar atrás.

Haz como el sol que nace cada día, sin acordarse de la noche que ya ha pasado.

Limítate a contemplar la meta y no te fijes en lo difícil que es alcanzarla.

No te detengas en lo malo que has hecho; avanza con la mirada puesta en lo bueno que puedes hacer.

No te culpes por lo que hiciste; más bien decídete a cambiar.

No intentes cambiar a otros; sé tú el responsable de tu propia vida y trata de cambiar tú.

Deja que el amor te toque y no te defiendas de él.

Vive el día a día, aprovecha el pasado para bien y deja que el futuro llegue a su tiempo.

No sufras por lo que viene; recuerda que «cada día tiene su propio afán».

Busca a alguien con quien compartir tus luchas hacia la libertad, una persona que te entienda, te apoye y te acompañe.

Si tu felicidad y tu vida dependen de otra persona, despréndete de ella y ámala sin pedirle nada a cambio.

Aprende a mirarte con amor y respeto; piensa en ti como en algo precioso.

Extiende por todas partes la alegría que hay dentro de ti.

Que tu alegría sea contagiosa y viva para expulsar la tristeza de todos los que te rodean.

La alegría es un rayo de luz que debe permanecer siempre encendido, iluminando todos nuestros actos y sirviendo de guía a todos los que se acercan a nosotros.

Si en tu interior hay luz y dejas abiertas las ventanas de tu alma, por medio de la alegría, todos los que pasan por la calle en tinieblas serán iluminados por tu luz.

Trabajo es sinónimo de nobleza.

No desprecies el trabajo que te toca realizar en la vida.

El trabajo ennoblece a aquellos que lo realizan con entusiasmo y amor.

No existen trabajos humildes. Solo se distinguen por ser bien o mal realizados.

Dale valor a tu trabajo, desempeñándolo con amor y cariño, y así te valorarás a ti mismo.

Dios nos ha creado para realizar un sueño.

Vivamos por él, intentemos alcanzarlo.

Pongamos la vida en ello, y si nos damos cuenta de que no podemos, quizás necesitemos hacer un alto en el camino y experimentar un cambio radical en nuestras vidas.

Así, con otro aspecto, con otras posibilidades y con la gracia de Dios, lo conseguiremos.

No te des por vencido; piensa que si Dios te ha dado la vida, es porque sabe que tú puedes con ella.

El éxito en la vida no se mide por lo que has logrado, sino por los obstáculos a los que has tenido que enfrentarte en el camino.

Tú y solo tú eliges la manera en que vas a influir en el corazón de otros; esas decisiones son de lo que se trata la vida.

Que este día sea el mejor de tu vida.
Mahatma Gandhi

ENTREVISTA

POR KOLDO ALDAI

Que nadie te quite la esperanza.

La gente no cabe en las amplias salas donde esta jovial irlandesa, afincada desde hace veintiocho años en Barcelona, diserta sobre lo divino y lo humano. Las listas de sus cursos y talleres se llenan con centenares de personas con meses de antelación. Más que sus propias y sabias palabras, es el entusiasmo con que las baña, es su discurso alegre y positivo volcado en un perfecto castellano.

Su español cervantino no está exento de jerga coloquial. Quizás ella no sea consciente de la gracia singular que manifiesta cuando habla en términos de «tela marinera», «momentos de chute», «flipando un rato» o te confiesa que en alguna otra vida ha sido «porrera»... Suzanne Powell tiene el poder de derribar desde el primer momento, con su perenne sonrisa, las barreras que entre las personas establece el convencionalismo. Su única arma es su lenguaje sencillo, coloquial, pero a la vez profundo, sentido y sincero. A ella le gusta decir que no es más que «una pueblerina irlandesa»; sin embargo, nos consta que ha contribuido a inaugurar una conciencia universal y holística en la mente de muchas personas que han acudido a sus consultas, charlas y talleres, siempre gratuitos. Apenas nos conoce, pero no duda en brindarnos un buen retazo de una tarde de verano...

¿Dónde nace tu vocación de entrega desinteresada al mundo?
A la edad de veinte años me diagnosticaron un cáncer mortal. Me prescribieron también un tratamiento muy estricto. Me dieron una posibilidad entre cien de sobrevivir, si no pasaba por todo el tratamiento médico. Tenía tantas ganas de vivir que no pude comprar esa historia que me vendía el médico. Sentía un gran deseo de salir de mi pueblo natal, en Irlanda, y descubrir mundo; así que recuerdo que le dije al médico: «Lo siento, pero es que no tengo tiempo para morirme. No voy a someterme a ningún tratamiento médico». Tenía mi año sabático en España ya programado y no estaba dispuesta a que ni siquiera un diagnóstico de cáncer me privara de ese sueño.

¿En esas condiciones viniste a España?
Sí. Firmé un papel eximiendo al médico de responsabilidades. Otro tanto les comuniqué a mis padres. Fue entonces cuando lancé un grito al cielo: «Oye, majos, ¿hay alguien ahí arriba...? Es que tengo muchas ganas de vivir. Por cierto,

si realmente hay alguien ahí, en caso de que me cure, dedicaré mi vida a dar esperanza, o a curar a otras personas que sufran y que se puedan encontrar en una situación similar». Arriba debieron de decir: «¡Oído, cocina...! Marchando una curación para la Powell, que acaba de hacer una promesa». Al cabo del tiempo se me fueron poniendo las soluciones delante y yo, como una niña, fui tomando nota, siguiendo las pistas, cumpliendo las pautas.

¿Qué dijeron los médicos?

Se desorientaron mucho con mi caso. Me confesaron que algo estaba haciendo bien y me animaron a seguir con mi propia terapia. A los siete años me citaron en el hospital con un grupo de médicos. Cada cual estaba más asombrado. Me preguntaron: «Pero ¿qué has hecho? No nos cuadra tu caso en absoluto. Estás limpísima». Les expliqué con pelos y señales lo que había hecho, pero ellos no hacían más que sacudir la cabeza, como diciendo: «Eso es imposible...». Al final se rindieron. Todos los años me llaman para preguntar si sigo viva. Han pasado veintiocho años desde entonces, y mi madre dice: «Aquí está la llamada del hospital. La llamada rutinaria anual».

¿Ahora toca cumplir, por lo tanto?

En efecto, ahora hay que cumplir. Creo que estoy cumpliendo. Soy consciente de ese compromiso. En ese camino desapareció el asma, la alergia al sol, las alergias alimentarias y ambientales. Han llovido bendiciones desde aquel día.

El maestro tibetano apunta que, cuando nos consagramos al servicio, los males se olvidan...

Efectivamente. ¿Quieres olvidar tus problemas de salud, tus problemas físicos? Ayuda a los demás, entrégate a ellos. Tu dolor de muelas desaparece cuando ves a una persona sin una pierna por un accidente de moto. Siempre hay alguien peor que tú.

He visto tus vídeos y he observado a una mujer segura, entusiasmada con lo que hace, plena de alegría... ¿Dónde nace todo ello, esa paz, ese entusiasmo? ¿Dónde te nutres?

De mi niña interior. He aprendido a no tomarme las cosas tan en serio, a reírme de mí misma, a observar mi propia experiencia. También me doy permiso para permanecer triste un día, si se da el caso. Se trata de vivir la experiencia de la dualidad, de valorar en definitiva el goce de estar vivo.

¿Con qué pensamiento se levanta por la mañana Suzanne?

Por las mañanas me levanto pensando: «Hoy va a ser un gran día». Y fluyo. Me doy permiso para ser yo misma. Me quito esa armadura de la apariencia, de lo que es preciso manifestar en cada momento. Me olvido de qué pensarán los demás de mí. Es una forma de decirles a quienes me acompañan: «Yo soy así. Por favor, acéptame tal cual». Esta posición te aporta un estado de gran relax. «¡Relájate!», es lo que les pido a las personas cuando las veo cargadas de problemas. Por ejemplo, animo a esas personas que acuden a la consulta a imaginar que están en los últimos días de su vida. Ellas optan normalmente por pensar en el amor, por compartir sentimientos con aquellos seres a los que quieren, por decirles cosas bellas, eso que no les han dicho nunca. ¿Qué importancia tiene la hipoteca, incluso las tareas del hogar, cualquier otra cosa, en esa situación? Cuando después toman tierra de nuevo, no se les ocurre volver a los problemas que anteriormente les estaban matando.

Apurar el instante...

Así es. Intento vivir buscando el sentido a cada instante. A la hora de ayudar, trato también de transmitir esta filosofía de vida. A los enfermos terminales procuro igualmente hacerles sentirse vivos hasta el último minuto. Mientras una persona respira, hay una esperanza de vida, una esperanza para tomar decisiones de cambio radical.

Y la fe y la seguridad de Suzanne, ¿dónde nacen?

Un niño confía en sus padres. Sabe que tendrá cariño, ropa, comida, abrigo..., todo lo que necesita para vivir. No anda preocupado, simplemente confía de forma total y absoluta. ¿Qué nos impide a nosotros tener esa fe total? La codificación mental. Si nos entregamos, debemos tener la seguridad de que el futuro será como anhelamos.

Se trata de tomar nuestras riendas y observar que somos los cocreadores de nuestra propia existencia. Es llegar a la conclusión de que cada cual está redactando su historia, cada uno es el guionista de una historia increíble y maravillosa. Cada persona sostiene la pluma que escribe su relato. Cuando albergamos dentro de nosotros esa absoluta seguridad, es cuando comienza la magia.

Hace un tiempo comenté con mis ayudantes el deseo de hacer unos encuentros en la montaña. Al finalizar el último curso que impartí, se me acercaron un hombre y una mujer que son monitores de esquí y responsables de un complejo deportivo en los Pirineos, concretamente en Puigcerdá, y me ofrecieron toda su infraestructura. Me quedé ante la pareja con la boca abierta. Pide y se te dará. Me sorprendí de que ocurriera tan rápido. Cuando trabajamos por el prójimo, vamos acumulando créditos.

¿Cómo opera ese banco?

Cada uno tiene su cuenta corriente en el banco de la Divina Providencia con sus débitos y créditos. Cuantos más créditos vamos ganando a través de nuestras buenas acciones, más deudas se van saldando. Llega un momento en que, liquidadas las deudas, comienzan a hacerse realidad los anhelos del alma. Más evolución, más rápido el canje. Magia pura y dura. Cuanto más observador te haces de tu propia vida, más te vas dando cuenta de la matemática de la acción-reacción.

¿Así que te concedieron una «visa oro» en el «banco cósmico»?

Para poder hacer un reintegro, antes hay que ingresar mucho amor. Los regalos se manifiestan en todo lo que te vas encontrando. Cuando mi hija quería ir a París, a Eurodisney, vino un paciente que trabajaba allí. Me ofreció su apartamento y la estancia gratuita para las dos. Estuvimos la Semana Santa entera. Cuando le comuniqué a mi hija la noticia del ofrecimiento, ella me dijo: «Sí, eso yo ya lo sabía. Mis deseos son órdenes».

¿Dónde obtienes la sabiduría oculta que compartes en tus con-
ferencias?

La propia búsqueda me ha ido nutriendo. El anhelo de saber va proporcionando las respuestas. Yo quería aprender mucho, pero no sabía dónde. Comencé leyendo libros sobre espiritualidad, hasta que conocí, hace dieciocho años, a un ser maravilloso con el que viajé por el mundo, con el que aprendí mucho. Estuvimos haciendo obras humanitarias en Oriente y en América. Se convirtió en mi pareja, en el padre de mi hija y también en mi maestro. Falleció hace diez años, pero me dejó plena. Él me enseñó a ser mi propia maestra. Me contagió la idea de que un maestro nunca pide que le sigan, sino que cada cual se siga a sí mismo. El maestro verdadero ayuda a descubrir al maestro interior que habita en todo ser.

Lo que comparto en mis conferencias se basa, por lo tanto, en información que he ido acumulando vida tras vida en mi propio «disco duro». Si yo he comido un mango, puedo compartir esa experiencia con toda suerte de detalles, con toda confianza. De forma que quien tenga delante casi lo podrá saborear. No se puede escribir una tesina sobre un mango sin haberlo probado nunca.

¿Has comido muchos mangos?

Sí, mi experiencia es lo único que transmito. Cada uno es libre de creerla o no. Si mi experiencia puede ayudar a otra persona a que explore en su propia experiencia, me quedaré satisfecha. No trato de convencer a nadie.

Hay momentos, al impartir conferencias, en que yo misma me sorprendo de los contenidos que estoy compartiendo.

Comienzo a responder a preguntas desde otros niveles. Se trata de una información que comparto por primera vez y que me viene de mi propio disco duro interno. Desde otros aspectos de mí, esa información va bajando y tratando de satisfacer a la mente estúpida. Aprendo de mí misma desde otras dimensiones mías.

Te sorprendes a ti misma de tus respuestas...

Totalmente. Un día, hace ya algún tiempo, me formularon una pregunta que mentalmente no podía responder. Sin embargo, abrí la boca y la respuesta salió sola. Tuve que escuchar la grabación para reparar en lo que yo misma había dicho.

Una y otra vez llamas a retornar sobre nosotros mismos.

Es de suma importancia conectarnos con nosotros mismos, para saber en realidad quiénes somos, para descubrir la relación que tenemos con cuanto nos rodea. Basta de acumular títulos y diplomas; lo que prima es lo de dentro. He podido incluso comprobar que si necesito saber algo, alguien me lo preguntará y yo misma me daré la respuesta. A menudo me veo dando consejos a terceros que en realidad van destinados a mí misma.

¿La alegría que manifiestas puede representar un puente de conexión interno?

En un momento de gran intensidad en el presente, de gran alegría por algo positivo que le ha ocurrido a una tercera persona, podemos alcanzar experiencias de quinta dimensión. En la quinta dimensión están nuestras familias cósmicas, está la luz. Si una amiga en la intimidad te confiesa, feliz: «Estoy embarazada», al decir tú desde tu alma: «¡¡Bien!!», ya estás rozando esa dimensión superior. En esos instantes puedes alcanzar una gran inspiración. Las ideas no nacen de la mente estúpida. Esta solo acumula los datos que le has ido introduciendo en esta vida. Las inspiraciones nacen de tu disco duro interno a partir de experiencias y vivencias acumuladas en otras dimensiones, en otras vidas anteriores.

Puede ocurrir que un grupo de personas experimente, por ejemplo, unos instantes de euforia colectiva, unas vibraciones elevadas auspiciadas por un generoso proyecto común. Esas vibraciones superiores pueden abrir un canal de inspiración también colectiva. La magia del universo se confabula cuando nos encontramos en mitad de un «chute» colectivo. Sigue las señales.

¿Hasta qué punto vivimos una vida predeterminada?

Hemos decidido encarnar en la tercera dimensión para aprender de todas las lecciones que esta dimensión nos proporciona. Lo mismo puede decirse en lo que respecta a otras dimensiones. Hemos de agotar todas las posibilidades de experiencias en cada dimensión. No hemos de juzgar a nadie. No hemos de señalar al drogadicto con el dedo. Seguramente nosotros mismos hemos pasado por esa experiencia. En el sótano del universo estamos viviendo una experiencia como si fuera la única. Nos hemos perdido en la ilusión, en el juego. Nos hemos olvidado de quiénes somos realmente.

Como grandes seres que son, desde el más absoluto incógnito, nuestros hermanos cósmicos, que ya han realizado su propio trabajo, nos pueden ayudar. Orientan a la humanidad en este proceso. Nos protegen de los impostores.

¿Existe un plan general superior?

La humanidad avanza tras un plan. Cada cual tiene su propia familia cósmica y sus propios orígenes. Las personas han de aprender a descubrir la luz verdadera, no las apariencias. Cuando la familia cósmica se manifiesta, no necesita siquiera presentación.

¿Y hay un plan personal?

Antes de venir a encarnar en el planeta cada uno ya ha diseñado su plan de vida. Existen acuerdos previos a la encarnación en los que nos hemos repartido los roles, en los que hemos acordado ayudarnos en caso de que nos despistemos en el camino. Estamos jugando ahora a descubrir quién es quién, pero no podremos saber quiénes son los demás hasta que descubramos quiénes somos nosotros. Cuando ya sabes quién eres tú, se retira el velo y es más fácil averiguar quiénes son los demás.

¿El plan de Suzanne, hasta donde se pueda saber?

Podemos elegir devolver bien por mal y así provocar un cambio crucial en el supuesto malhechor; podemos elegir llevar la linterna que alumbra a los demás; podemos, al haber vivido ya determinadas experiencias, orientar a otros, pero siempre animando a que cada uno viva su propia vida. Como ahora las almas tienen prisa, agradecen esa linterna. Sigo enseñando lo mismo que hace quince años, pero ahora hay más premura.

¿Existen los maestros, los custodios de ese plan?

Sí, y aunque son incomprendidos, saben responder con compasión. Abrazan con amor a los seres más oscuros.

El problema de los maestros es que los veremos rodeados de gente, pero en su corazón, en su interior, se sienten solos. Quienes los rodean aún no han descubierto esos vínculos que vienen de atrás. Se te pueden aparecer incluso esos grandes seres. Se manifestarán de la forma más sencilla. Jesús te dirá: «Has pasado mala noche, ¿no, tía?». No te animará a que te pongas de rodillas, sino que se sentará contigo al borde de la cama.

¿Cómo entiendes la consagración al prójimo? ¿Entra la palabra «sacrificio» en tu vocabulario?

Cuando vives la entrega a los demás desde el amor, no contemplas ese servicio como un sacrificio. Cuando saboreas los beneficios espirituales que te proporciona esa entrega a los demás, compruebas que no hay nada en la Tierra que te pueda aportar más satisfacción.

¿No has tenido que realizar un ejercicio de renuncia?

A una madre no le importa sacrificar su sueño, su libertad o su hambre por amor a su hijo. Su amor es tan grande que se entrega incondicionalmente. Si le preguntas a esa madre cómo puede sacrificar su vida por su hijo, ella te responderá que para ella no hay sacrificio. Ella no siente que pierda nada, sino que está ganando. Te dirá: «Mira, mira este ser que salió de mi vientre... ¿Cómo no me voy a entregar a él?».

En estos momentos me siento como esa madre. No sé hacer otra cosa que no sea esto. No me planteo que esté sacrificando una vida social o una casa grande, preciosa, con un montón de comodidades. Realmente todo ello supondría para mí una distracción.

Puedo estar sacrificando, eso sí, que un Richard Gere llegue a mi vida y me haga mimitos y cariñitos, pero aún confío en que ese hombre aparezca. Me lo llevaré de viaje y, aunque sea en los descansos, estaré muy a gusto con él. (Risas.)

A veces me dicen los alumnos: «Suzanne, ¡cuánto amor, cuánta entrega, cuánto sacrificio!». «¿Quién, yooo...?», les respondo. Disfruto mucho con lo que hago.

¿Algún proyecto dentro de ese proyecto de entrega?

Me han ofrecido recientemente un gran edificio para crear un centro holístico que beneficie a la comunidad. Siento que me han entregado un gran regalo. Deseamos formar allí una plataforma holística de cuerpo, alma y espíritu, que proporcione esperanza a personas que no la tienen. Este centro se llamará Zenity, así lo ha bautizado mi hija. Vamos a crear el sueño de muchos, no el mío.

Estamos abiertos a voluntariado para el proyecto, así como a profesionales, médicos y terapeutas. Mi aportación seguirá siendo altruista. Continuaré impartiendo los cursos de forma gratuita y solidaria. A largo plazo, la idea es que Zenity sea el comienzo de una red de centros holísticos de semejantes características que se expanda por todo el mundo. Ya nos han hecho propuestas para comenzar a trabajar en Madrid y en Argentina.

Se trata de reunir a profesionales convencionales, ortodoxos, con otros procedentes de la medicina alternativa o complementaria. También queremos contar con terapeutas de medicina energética, psiquiatras, psicólogos…, todo dentro de una misma filosofía de vida, es decir, de ayuda al paciente de una forma holística. Queremos dar cabida igualmente a talleres de cocina, alimentación, espiritualidad… No faltará tampoco un bar de zumos.

¿Cuál es, por último, la esperanza que quisieras contagiar al mundo?
Que una persona, mientras respire, albergue esperanza. Si alguien está enfermo y desea vivir y encontrar un nuevo camino, ha de agarrarse a la esperanza a pesar de que los médicos no se la proporcionen. Que nadie te quite la esperanza, por muy negativo que sea el diagnóstico que te hayan dado. Zenity será «el centro holístico de la esperanza».

Si yo hubiera hecho caso a los médicos que hace veintiocho años me dijeron que tenía un noventa y nueve por ciento de posibilidades de morirme, ¿dónde estaría hoy? Yo les digo siempre a los pacientes: «Si yo puedo, tú puedes. Siempre hay un ángel listo para llamar a tu puerta. Que nadie te quite la esperanza».

AGRADECIMIENTOS

Siempre he deseado escribir un libro pero nunca era capaz de imaginar cómo ordenar todo aquello que tendría que relatar. Tantas experiencias vividas, miles de anécdotas, cambios repentinos, supuestas casualidades, amores y desamores, amistades, maestros, personajes peculiares..., el perfecto cóctel de vivencias para crear una enciclopedia de las crónicas de Suzanne. Al final, un amigo muy especial se ofreció a echarme una mano en la redacción utilizando la transcripción de las charlas más emblemáticas y dándoles forma de texto —y sobre todo eliminando muchos de los «OK» que tanto repito.

La charla del reset colectivo se ha convertido en mi sello de vida, en un referente en esta aventura. Está basada en hechos reales de mi propia experiencia y expresada de forma que resuene en muchos corazones para inspirar a vivir de una manera diferente. El momento en que descubrí cómo acceder a mi programa de vida y dirigirlo a mi antojo constituyó la frontera entre un antes y un después.

A partir de entonces ya nada fue igual. Fue como si saltara de la pecera al mar: un nuevo mundo se abrió ante mis ojos y ante toda mi existencia. Mi hija, Joanna, a sus tiernos siete u ocho años, también colaboró en ese proceso con sus espontáneas intervenciones de sabiduría e inocencia.

Lo curioso es que nunca planifico las charlas, ni siquiera tengo un guion ni utilizo *PowerPoint*. Nunca sé lo que voy a decir hasta que me presento allí, abro la boca y ¡las palabras salen solas! A veces le pregunto a la gente qué es lo que desea escuchar ese día y me dejo fluir. En otras ocasiones me llega un título de la nada y lo anuncio, preguntándome si seré capaz de desarrollar ese tema con cierta coherencia. En fin, la mente trata de entrometerse, pero le doy una buena patada y santas pascuas, que sea lo que Dios quiera, me lanzo a la piscina de cabeza y ya está, con todas las consecuencias. Cuando llega el día de la charla, aparco la mente, entro en la sala, miro todas las caras expectantes y de repente ya sé lo que toca, el discurso sale con fluidez, amor y humor, salpicado de anécdotas, risas e incluso llanto, como en la charla del karma. De repente, todo es perfecto. Quien haya venido a participar se sumerge en la vibración colectiva y se deja llevar por un río de emociones diversas.

Empecé a dar las charlas en 2008, pero antes había sido conferenciante para dos empresas internacionales relacionadas con la medicina ortomolecular, sobre todo para naturópatas, médicos y aficionados a la vida sana. Siempre fue muy importante el enfoque holístico para conseguir una vida de equilibrio en cuerpo, mente y espíritu. Lo que predico, antes tengo que haberlo experimentado para dar fe de los resultados por experiencia propia. Siempre digo: «Si yo puedo, tú puedes». Me gusta ser muy positiva, incluso ante situaciones casi «imposibles», porque esa palabra la borré de mi vocabulario en el momento en que un médico me dijo: «Solo tienes una oportunidad entre cien de salir de esta». Me agarré a esa posibilidad y aquí estoy, vivita y coleando después de veintiocho años de vida intensa, rica y entrañable. Cada día doy las gracias por despertarme, respirando, estirando ampliamente todo mi cuerpo. Después me hago el regalo zen de larga vida, el perfecto elixir de los dioses. Así, en cinco minutos, he renovado todo mi cuerpo, y además ¡me he quitado varios años de encima! E insisto en que ese regalo está al alcance de todos: ¡lo comparto en los cursos zen de segundo nivel!

Llegar a los cursos zen en el año 1995 fue para mí el momento más determinante de toda mi vida. Fue encontrar de nuevo el camino a casa con las herramientas necesarias para avanzar en lugar de estar perdida en el laberinto de la ignorancia. Me convertí en una niña revoltosa con zapatos nuevos y con ganas de gritarle mi enorme alegría a todo el mundo, con efusividad... y con todas las consecuencias. El mundo no estaba preparado para esa versión de Suzanne en esos momentos. Eso, por supuesto, me obligó a vivir en el silencio y a practicar lo aprendido desde la sencillez, sintiendo al mismo tiempo una gran soledad. En aquel entonces sentí que la única persona que me entendía era mi maestro de vida, y tal y como estaba en mi programa, pude compartir largas horas a su lado recuperando el tiempo perdido, recordando muchas vidas pasadas, repasando mi disco duro y cocreando un nuevo *software* de forma consciente gracias a todos sus generosos consejos.

En 2002 llegó Joanna a mi vida, una preciosa hija, regalo del cielo, muy deseada y una gran maestra, que ha sido mi mejor amiga y compañera de camino desde que mi maestro dejó su cuerpo físico hace unos años. Joanna solo tenía tres añitos y ambos se adoraban. Ahora, todavía habla de él... y ¡con él! Gracias a Joanna, la charla del reset colectivo pudo completarse con el «cancelar»: era la pieza que le faltaba al puzle para que todo fuera perfecto. Si pasas un rato con ella, verás cómo te va obligando a ser más consciente de lo que dices. Si te descuidas una sola vez, prepárate para la colleja que te espera con todo su cariño y amor. ¡No te dejará pasar ni una! Es tan consciente que te hace sentir que todavía estás en pañales en tu evolución, pero al mismo tiempo es adorablemente rica en amor e inocencia. Eso no significa que no tenga su carácter, como la madre que la... Dicen que de tal palo, tal astilla. En este caso deberíamos decir: «¡De tal Powell, tal chiquilla!».

Espero y deseo que disfrutéis de las charlas tanto como yo lo hago. Todos hemos aprendido los unos de los otros en ese momento presente, como un gran regalo, sintiéndonos en familia, con soltura, como si de una sobremesa se tratara. Es muy gratificante tener a un paciente en la consulta que de repente se disculpa por el exceso de confianza por su parte, diciendo que siente como si me conociera de toda la vida después de tantas horas delante del ordenador viendo las charlas o escuchando los audios. A veces bromean asegurando que se acuestan conmigo al dormir con los auriculares puestos y así aprenden a navegar mientras descansan.

Aunque también se quejan de que les quito horas de sueño porque no saben cortar y dejar para el día siguiente. Y siempre dicen eso de «solo cinco minutos más», pero algunos incluso se convierten en adictos a las charlas, que pueden durar hasta ¡dos horas! Por eso es bueno advertir: «Si empiezas, será con todas las consecuencias».

Gracias a mi equipo zen, a Ana, Koki, Sandra y Rufi, que me acompañan en los viajes para ayudarme en los cursos y dedican su tiempo libre a organizar todo el trabajo en equipo junto a Cristina, Kokita y Santi. ¡Sin vosotros no sería lo mismo! Me siento muy orgullosa de teneros como compañeros de camino y amigos del alma. ¡Mi más profundo agradecimiento, chicos!

Y a ti, Joanna, por elegirme para ser tu mamá. Espero estar a la altura, y si no lo consigo, sé que no pasa nada porque tu amor es incondicional, siempre.

I love you sweetheart!

Gracias a mi querido maestro de vida. Intentaré cumplir mi promesa lo mejor que pueda.

Amar y servir.

Just do it!!!

Durante el proceso diario de practicar la respiración con conciencia zen, de forma progresiva estarás alejando la resistencia, causando un cambio de vibración que hace que seas más consciente del poder de la intención y la atracción. Cuando respiras así, la vibración de tu cuerpo físico y la vibración del universo desde la Fuente serán la misma. La energía de la Fuente y la tuya estarán totalmente unidas, y en ese momento tu cuerpo físico se beneficiará enormemente.

A medida que vayas encontrando y practicando la resonancia con la vibración de la Fuente dentro de ti, la comunicación entre las células de tu cuerpo se optimizará.

Y sencillamente todo comienza al enfocarte en la respiración consciente para gozar del absoluto bienestar físico, emocional y mental.

SUZANNE POWELL
suzannepowell.blogspot.com
www.suzannepowell.es

ÍNDICE